本书受到"江苏高校优势学科建设工程资助项目"（A P
Academic Program Development of Jiangsu Higher Education Institut

小学教师发展影响因素研究
基于江苏省的调查

华　伟◎著

STUDY ON THE INFLUENCING FACTORS OF PRIMARY SCHOOL TEACHERS' DEVELOPMENT

Based on the Survey of Jiangsu Province

科学出版社

北　京

内 容 简 介

教师发展是近几十年来国际教育界关心的重要议题。各国都希望经由教师的发展来推进社会的发展。当前，在全面普及基础教育的基础上，促进小学教师整体发展、全面提升小学教师素养，已成为我国义务教育均衡发展的重要内容。

本书基于国内外对教师发展这一议题的学术理解，以"小学教师发展影响因素"为研究主题，对小学教师发展环境中的各种力量进行分析和归类，对复杂的现象进行抽象和简化，以期揭示出小学教师发展的主要影响因素及其作用机制，这是对小学教师发展的一次本土化探索。在此基础上，借鉴美国小学教师发展的经验，取长补短，择其善者而从之，并且以问题解决为导向，提出中国小学教师未来发展的路径选择。

本书可供教育行政管理部门、教育学领域的学者、小学校长和教师阅读，也可供对小学教育感兴趣的各界人士参考。

图书在版编目（CIP）数据

小学教师发展影响因素研究：基于江苏省的调查 / 华伟著. —北京：科学出版社，2019.11
ISBN 978-7-03-062754-4

Ⅰ.①小⋯ Ⅱ.①华⋯ Ⅲ.①小学-师资培养-研究 Ⅳ.①G625.1

中国版本图书馆CIP数据核字（2019）第245590号

责任编辑：朱丽娜 卢 淼 / 责任校对：王晓茜
责任印制：李 彤 / 封面设计：润一文化
编辑部电话：010-64033934
E-mail: edu_psy@mail.sciencep.com

科学出版社 出版
北京东黄城根北街16号
邮政编码：100717
http://www.sciencep.com

涿州市京南印刷厂印刷
科学出版社发行 各地新华书店经销

*

2019年11月第 一 版 开本：720×1000 B5
2019年11月第一次印刷 印张：12 1/4
字数：210 000
定价：89.00元
（如有印装质量问题，我社负责调换）

序

华伟博士是南京师范大学教育科学学院小学教育系的教师，主要从事小学教育专业的教学与研究工作，对于"小学教师发展"这一领域尤为关注。她将"小学教师发展"置于"成人教育"的视野展开自己的研究，既源于一种经验的牵引，也源于一种理性的启发。这项研究旨在探寻一种能更好地适应小学教师的自主发展需求并引发教育改进的制度与方法，从跨界的角度看，这是一个崭新的和充满挑战的主题。

《小学教师发展影响因素研究——基于江苏省的调查》在研究对象上凸显了小学教师群体的特殊性。"人生百年，立于幼学"，小学教师就是"幼学"的第一执行人，他们为儿童整个人生涂上精神底色。因此，小学教师的眼界、心胸、情怀对于国家的发展、民族的未来具有重要意义。长期以来，理论界对小学教师这一群体的性质的认识尚不够完善，忽略了对小学教师群体特殊性的关注，可以说这是当前教师发展知识库中的一个缺陷。基于此，该书立足于成人教育理论，明确地将小学教师视为成人教育的重要群体，对儿童教育与成人教育做出了清晰的划分，这种明确的界限感将有助于我们更加精准地把握小学教师群体的性质。全社会都期待看到小学教师的发展，那么，作为成人的小学教师的发展，其核心在哪里？——在于学习。由此，该书试图追问：作为成人的小学教师，他们的学习应遵循哪些规律？当前的哪些做法符合成人学习的规律，哪些又违背了成人学习的规律？一旦我们正确地回答了这些问题，那么小学教师发展的顶层设计就有了依据，广大的小学教师的发展在制度上就有了一定的保障，相较之下，这会比"个人奋斗式"

的教师发展模式更有根基、更有效率。

该书在研究方法上也颇具特色。特色之一：因素分析，化繁为简。先用量化的方法将小学教师发展的多个相关因素进行分类、归纳、编码，从而得出一种简化的、概括性的认识；为了探寻这些因素之间的交互作用，再用深度访谈法进行追问，在量化研究与质化研究的多次往返之中，在小学教师发展的影响因素之间构建起了意义，模型也越来越清晰，并且具有较强的解释力。特色之二：比较研究，知己知彼。基于国内研究，作者充分利用在美国加利福尼亚大学伯克利分校访学的机会，依托该校小学教师发展项目，用了一年时间进行田野研究，调查了当地4所公立小学的教师发展现状，并对小学校长、小学教师、大学教授等10位对象进行了访谈。域外经验的引入使得该书具有开阔的国际视野，东西方文化碰撞，别有一番风味。特色之三：历史视野，不忘来处。在历史长河中，中国的师道文化虽然经历过曲折与颠簸，但是从根本上说，教师为国家和民族培育人才和传道、授业、解惑的庄重使命几千年来从未改变。那么，承载着民众和民族厚望的师道文化在今天如何进行创造性的转化，才能不负时代使命、不负人民？该书对此也做出了回应。

2018年伊始，中共中央、国务院发布《中共中央 国务院关于全面深化新时代教师队伍建设改革的意见》，教育部等五部门也出台了《教师教育振兴行动计划（2018—2022年）》，站在这一新的历史起点上，该书在以下方面具有一定的研究价值：基于实证研究探索具有中国特色、民族特性和时代特征的小学教师发展之路，有助于增强我国小学教师发展的自觉性，树立小学教师发展的自信心，并在历史和比较的视野中提出我国小学教师发展的方向与路径。如果把该书中的研究看作是一次尝试，我希望作者将来能在小学教师学习领域进行更加深入的研究。

是为序。

缪建东

南京师范大学教授、博士生导师

2018年4月

前　言

　　自古以来，教师在儒家文化圈中都享有崇高的社会地位，因为教师承载了文明之道、民族之德，"道之所存，师之所存也"。与此相伴的则是"教师发展"这一主题，教师如何进行自我学习与自我提升？我们的祖先早在公元前4世纪的战国时代就做出了明确的回答，《礼记·学记》中记载："是故学然后知不足，教然后知困。知不足，然后能自反也；知困，然后能自强也。故曰：教学相长也。"[①]这其实是我国，也可以说是世界上最早系统论述教学问题的专著，在今天看来，其仍熠熠生辉，极富启示意义。因此，作为教师，必须要自我充实，一方面要持续学习，另一方面要将所学运用于教学实践。

　　教师发展的关键在于教师学习。教师愿意学习吗？教师愿意学习什么？如何促进教师学习？在经济发展较为缓慢的农业社会，人们对这些问题的思考尚能从容，然而到了日新月异的工业社会，人工智能、人才竞争等现实已经将教师学习问题提到了刻不容缓的日程表上，必须立即做出清清楚楚的回答。因此，我们看到，近几十年来，教师发展问题已成为国际性的热点话题，各国尤其是发达国家更是做了多学科的积极探索，其中，成人教育便是研究教师发展的一个重要理论视角。

　　成人教育的一个重要特点是"致广大而尽精微"，因为它既涉及政治学领域中的制度，又牵扯每一个人具象、真实、细琐的福利。从成人教育的视角看，教师作为独立的成人，有其独特的特征，他们是自然、自由、自治的

---

① （元）陈澔注.礼记集说[M].上海：世界书局，1936：199.

个体，他们的学习应当在轻松、民主、平等的环境中进行，他们的发展不应当被局限在一个标准化的模子里，而是应该让每个人成为最好的自己。因此，成人教育的学科边界往往显得模糊，"大而无外，小而无内"，其更接近于一种观念、一种情怀、一种追求。也正是从这个意义上，成人教育与东方智慧极为接近。

本书将关注点放在了教师发展的外在因素而不是内在因素上，因为对于中国这样的人力资源大国而言，这些外在因素更具普遍意义。人成就制度，但制度更成就人，如果能改善、更新教师发展制度，将更有可能最大程度地鼓励教师的个性发展与创造力的迸发。

本书第一章着重阐述小学教师发展研究的意义，并且对现有的相关研究做出梳理。

第二章从成人教育学与成人学习的理论视角出发，对小学教师发展做出界定，即小学教师发展是指小学教师为了解决自己在与环境互动过程中产生的问题而不断进行的、持续性的自我调节过程，其目标是小学教师获得自我教育和自我提升。成人教育和成人学习的理念与技术为小学教师发展提供了新的理论视角，对于研究小学教师的终身发展、全面发展以及建构学习型组织，具有启发和指导意义。

为了呈现当前小学教师发展现状及主要影响因素，第三章使用自编的《小学教师发展现状调查问卷》对江苏省小学教师进行随机抽样调查。通过频数统计对小学教师发展需求现状做出数量描述；通过因素分析确定小学教师发展的主要影响因素，从数量上确定各因素对小学教师发展的影响方向和影响程度；通过方差分析判断不同分类维度所划分出的不同群体在回答问题上是否存在差异，如果存在差异，则进行进一步分析；通过相关分析与线性回归分析建立小学教师发展各个变量之间的关系，并确定两种或两种以上变量间相互依赖的定量关系。通过数据驱动的分析显示，小学教师发展的影响因素可归纳为六个，分别是同级竞争、物质需求、职业胜任、职场关系、官方培训、师生关系。其中，教师之间同级竞争的贡献尤为明显。

第四章抽丝剥茧，对小学教师发展的六大影响因素逐一进行分析，有如下发现：同级竞争因素与公平性高度相关；物质需求因素与收入高度相关；职业胜任因素与适应考核和评价机制高度相关；职场关系因素与同事交往高度相关；官方培训因素与教师对培训的认同感高度相关；师生关系因素与教师与家长的关系高度相关。不同自然属性和社会属性的小学教师在不同因素维度上表现出不同特点。

第五章由浅入深，将各个因素放回到具体复杂的现实情境中，探究小学教师发展各影响因素的交互作用及其效用。本章用访谈法了解环境中的个体面临的困扰，并据此揭示当前小学教师发展中的结构性和体制性问题。笔者对江苏省的六位小学教师、两位校长和两位副校长进行了访谈调查，达成了以下目标：确立了小学教师发展各影响因素之间的内在联系；发现了小学教师发展各影响因素在现实情境中发挥作用的过程、机制及原因；分析了当前小学教师发展面临的困境。目前，小学教师发展主要为三个方面所困，分别是困于以筛选为目的的竞争制度，困于失去激励作用的绩效考核，以及困于缺失需求评估的教师培训，而这三个方面究其本质是行政权力对教师的一种控制，教师将主要精力放在了处理"我与人""我与物"的关系上，从而挤压了探索"我与自己"的自由空间。

他山之石，可以攻玉。第六章引入域外经验，对美国加利福尼亚州公立小学教师发展现状开展实证调查。调查范围是美国加利福尼亚大学伯克利分校举办的小学教师发展项目以及4所公立小学的教师发展实践，调查对象有小学校长、小学教师、大学教授以及正在参加小学教师发展项目的小学在职教师及职前教师。笔者采用访谈、观察、文本分析等质化研究方法，对通过多种途径所获得的资料进行相互比照和验证，发现美国小学教师在同级竞争、物质需求、职业胜任、职场关系、官方培训、师生关系方面具有独特的理念与实践。另外，还分析了其对我国小学教师发展的借鉴意义。

第七章进入问题解决部分。根据前面章节通过量化和质化研究所揭示的小学教师发展现状及困境，以及所呈现的小学教师成长规律，本章以域外经验作为参照，提出切合中国国情的促进小学教师发展的路径。小学教师发展既有赖于制度的改进和话语权的给予，也有赖于教师个体自我提升的努力。

本书在写作过程中得到缪建东教授、吴康宁教授、冯建军教授、程天君教授、吴永军教授、张乐天教授、黄伟教授、杨跃教授、邵泽斌教授的指导；美国加利福尼亚大学伯克利分校教育研究院的 Susan Holloway 教授、

Larry Nucci 教授、Elliot Turiel 教授也给予笔者很多学术上的启迪；还有无偿接受笔者访谈的中美两国小学校长、小学教师和家长，笔者的观察与访谈占用了他们大量的时间，他们知无不言、言无不尽，其开放的心胸和真诚的帮助对笔者是一种深刻与生动的教育。同时，正是科学出版社提供的帮助，本书才得以顺利出版，在此深表谢忱。不当之处，敬请读者批评指正。

华　伟

2018 年 4 月

目　录

序

前言

第一章　小学教师发展影响因素之探索 // 1

　　第一节　小学教师发展研究的意义 // 1

　　第二节　小学教师发展影响因素的研究趋向 // 4

第二章　成人教育学视角下的小学教师发展 // 11

　　第一节　作为成人的小学教师 // 11

　　第二节　作为成人的小学教师的发展 // 17

　　第三节　作为成人教育的小学教师在职培训 // 21

　　本章小结 // 25

第三章　小学教师发展现状问卷调查 // 27

　　第一节　小学教师发展的影响因素 // 27

　　第二节　小学教师的生活压力来源 // 33

　　第三节　小学教师不愿意流出重点学校？// 39

　　第四节　小学教师终身发展的关键期 // 48

　　本章小结 // 54

第四章 小学教师发展的六大影响因素分析 // 56

第一节 同级竞争因素 // 56

第二节 物质需求因素 // 61

第三节 职业胜任因素 // 64

第四节 职场关系因素 // 67

第五节 官方培训因素 // 70

第六节 师生关系因素 // 73

本章小结 // 76

第五章 小学教师发展影响因素的交互作用及其效用 // 78

第一节 访谈设计 // 78

第二节 各影响因素之间的交互作用 // 80

第三节 各影响因素对小学教师发展的实际效用 // 89

第四节 小学教师发展的困境分析 // 100

本章小结 // 110

第六章 来自美国加利福尼亚州公立小学教师发展的参照及启示 // 113

第一节 调查背景与调查过程 // 113

第二节 基于六大影响因素的调查发现 // 117

第三节 美国小学教师发展的特点 // 134

第四节 美国小学教师发展对我国的启示 // 138

本章小结 // 140

第七章 促进小学教师发展的路径选择 // 142

第一节 提升小学教师晋升规则的合理性与公平性 // 142

第二节 用制度和情怀促进小学教师发展 // 147

第三节　以需求评估为基础完善教师培训体系 // 153

　　本章小结 // 158

参考文献 // 159

附录 // 167

　　附录一　小学教师发展现状调查问卷 // 167

　　附录二　小学教师发展影响因素交互作用及其效用的访谈提纲 // 173

　　附录三　美国小学教师发展相关因素的访谈提纲 // 173

　　附录四　美国加利福尼亚州小学教师发展的主要指标 // 174

　　附录五　美国"好教学"标准及工作场所学习评价标准 // 178

　　附录六　美国加利福尼亚大学伯克利分校小学教师发展项目课程表 // 181

第一章

小学教师发展影响因素之探索

为了积极应对全球化浪潮和知识经济的挑战,世界各国都在纷纷推进教育改革,以期提升本国或本地区的人力资源水准,增强核心竞争力。教师发展是学生成长、学校改进、教育提升、社会进步的重要基础,所以各国均把教师发展作为教育改革的重要方面。今天,"在全世界范围内,各个国家都达成了一个富有紧迫感的共识,那就是教师对于学生学习和学校效能而言有着非常重大的影响"[①]。小学教育是正式教育的起点,其对个体的终身发展、国家和社会的进步都具有深远意义。为了整体性地促进小学教师发展,有必要对小学教师发展的影响因素进行研究,促使小学教师不是在一种个休性的自我摸索中成长,而是通过有意识的环境和制度设计使所有教师都能够主动发展、全面发展,以从事更高层次、更高境界的小学教育工作。本章将对小学教师发展的意义进行阐述,梳理国内外相关研究,在此基础上引出本书的主题——小学教师发展影响因素研究。

第一节 小学教师发展研究的意义

小学教师是一个人进入正式教育阶段的首位"重要他人"。一个人对浩瀚的人类文明的向往、对世界的感知与热爱、对自己的信心、对人生的憧

---

① Cochran-Smith M,Fries K. The AERA panel on research and teacher education:Context and goals// Cochran-Smith M,Zeichner K. Studing Teacher Education:The Report of the AERA Panel on Research and Teacher Education[A].Mahwah:Lawrence Erlbaum Associates,2005:40.

憬，往往都是受到小学教师的影响，孩子常常是通过小学教师对他们的态度来决定如何看待自己以及如何看待世界。从教育的角度看，小学教师的任务绝不仅仅局限于知识传授方面，而是要引导孩子形成对自己、他人、知识、世界的积极态度。因此，小学教师发展对于社会进步和文化传承具有重要意义。

一、整体推进小学教师发展是义务教育均衡发展的重要主题

根据中国共产党第十七次全国代表大会关于"优先发展教育，建设人力资源强国"的战略部署，《国家中长期教育改革和发展规划纲要（2010—2020年）》于2010年颁布实施。该纲要提出，"着力提高师资水平……努力造就一支师德高尚、业务精湛、结构合理、充满活力的高素质专业化教师队伍"，并且要求"完善教师培训制度，将教师培训经费列入政府预算，对教师实行每五年一周期的全员培训"[①]。2011年，教育部颁布了《教师教育课程标准（试行）》《教育部关于大力推进教师教育课程改革的意见》。2012年，国务院出台了《国务院关于加强教师队伍建设的意见》，明确要求"大力提高教师专业化水平""完善教师专业发展标准体系"，其中提到，要"构建以师范院校为主体、综合大学参与、开放灵活的中小学教师教育体系"[②]。同年，教育部师范教育司更名为教师工作司，将人事司、职业教育与成人教育司有关教师工作职责划转到教师工作司，表明了国家对教师发展的高度重视。2012年，教育部制定了《小学教师专业标准（试行）》，从专业理念与师德、专业知识、专业能力三个维度、十三个方面全面勾画出小学教师的专业标准，该标准是小学教师培养、准入、培训、考核以及研究等工作的重要依据。2018年，在《中共中央 国务院关于全面深化新时代教师队伍建设改革的意见》中指出，"坚持兴国必先强师，深刻认识教师队伍建设的重要意义和总体要求"[③]。

---

① 中华人民共和国教育部. 国家中长期教育改革和发展规划纲要（2010—2020年）[EB/OL].（2010-07-29）[2018-12-31].http://www.moe.edu.cn/srcsite/A01/s7048/201007/t20100729_171904.html.
② 中华人民共和国国务院. 国务院关于加强教师队伍建设的意见[EB/OL].（2012-09-07）[2018-12-31].http://www.gov.cn/zwgk/2012-09/07/content_2218778.htm.
③ 中华人民共和国中央人民政府. 中共中央 国务院关于全面深化新时代教师队伍建设改革的意见[EB/OL].（2018-01-20）[2018-12-31].http://www.gov.cn/zhengce/2018-01/31/content_5262659.htm.

这些政策反映出社会发展对高素质小学教师的需求，也体现出国家和人民对小学教师整体发展的期待。包括专业发展、德性发展、情感发展等在内的小学教师发展是家长、学生以及教师自身的共同诉求；促进小学教师发展、整体提升小学教师专业素养，是义务教育均衡发展的重要主题。

二、呈现当前小学教师发展的现状及诉求是推进小学教师发展的基础

古语说："上下同欲者胜。"改革的真正深入，不能仅依靠自上而下的顶层设计，还有赖于自下而上的基层动力，两方面相互结合、相互呼应，才能有效达成目标。小学教师发展的执行者必须是小学教师自己，书籍、课程、培训、专家、交流等固然重要，但充其量也只是帮助教师发展的外在手段而已，教师发展最根本的能量来源于教师自己。教师发展应该是教师自主、自发、自觉地成长，心甘情愿甚至迫不及待地主动发展，对自己的思想、判断和感情负责，永无止境地挖掘自己的潜力，不间断地进行自我更新与自我发展。本书的努力方向是，从教师发展的规律出发，尊重并遵循教师个体的发展意愿，通过满足他们的需求来实现对其能力的开发与提升，将教师个人的发展意愿与组织的发展目标融为一体，将个体价值与组织价值融为一体，达成个体与组织的双赢。恰如《论语·尧曰》所说："因民之所利而利之，斯不亦惠而不费乎？"[①]本书的追求是，积极响应国家对小学教师发展的政策要求，呈现小学教师发展的现状及诉求，分析小学教师发展的主要影响因素，寻求改进措施，树立与增进全体小学教师发展的勇气和动力，将顶层设计贯彻落实到基层小学教师发展的制度设计上。

当前，虽然我国小学教师发展对于义务教育均衡发展具有基础性和关键性意义，但关于小学教师发展影响因素的实证研究相对单薄。本书将采用实证调查法呈现小学教师发展的现状及影响因素，力图达成以下四个方面的目标：描述小学教师发展需求各个方面的情况；确定小学教师发展的主要影响因素；检验不同维度所划分出的不同群体在回答问题上是否存在差异，并进一步分析这种差异；分析小学教师发展各因素、各属性之间的关系。

[①] 金良年.论语译注[M].上海：上海古籍出版社，2004：241.

三、精准定位小学教师发展的影响因素是教师发展制度改进的依据

本书的实践意义在于，找到小学教师发展的影响因素，有针对性地提出促进小学教师发展的具体建议。发展个体嵌套于相互影响的一系列环境系统之中，在这些系统中，系统与个体相互作用并影响着个体发展。"个体发展是一个持续性的过程，在这一过程中，个体感知其环境并与之互动，正是因为这个原因，我们才要对环境进行非同寻常的研究。"[1]小学教师的个体发展是处于环境中的发展，受到环境中各个层次、各种力量的影响，所以需要开展科学研究，对各种层次、各种力量进行分析和归类，对复杂的现象进行抽象和简化，从而揭示出小学教师发展的主要影响因素。这样在实证调查基础上提出的建议才有针对性，才可能奏效。本书以江苏省为例对小学教师发展的影响因素进行实证研究，立足当前小学教师发展实践，深入剖析促进和制约小学教师发展的因素，研究和解决目前小学教师发展遇到的问题，从而弥补当前教师发展理论中有关小学教师发展影响因素的实证数据的不足。同时，参考与借鉴美国小学教师发展的经验，取长补短，从而为制定小学教师发展政策与合理配置教育资源奠定科学基础和提供参考依据。

第二节　小学教师发展影响因素的研究趋向

从目前国内外关于教师发展的影响因素研究来看，教师发展已经成为横跨多个研究领域的学术概念，研究者从不同角度对其进行观察与分析，目前研究的趋向体现在以下三个方面。

---

[1] Bronfenbrenner U.The Ecology of Human Development：Experiments by Nature and Design[M]. Cambridge：Harvard University Press，1979：3.

第一章 小学教师发展影响因素之探索

一、影响教师发展的因素是多层次、多方面的

影响教师发展的因素是多元的,既有地缘因素、政治因素,也有经济因素、文化因素;既有外部因素,也有内部因素;既有宏观因素,也有中观和微观因素。这些因素的不同组合和不同影响权重对教师发展的各个具体方面产生了影响。

彭小虎对江苏省某市 996 名小学教师专业发展的调查分析表明,以学历、学生考试成绩来衡量教师的专业发展水平,偏离了教师专业本质内涵的规定。当从专业知识、专业技能、专业态度与专业发展四个方面来考察教师的专业发展水平时,发现某些传统的、制度的、政策的思想与措施制约着教师专业的发展:①教师的专业认同与敬业动力主要来自传统文化而非专业训练或社会制度;②教师专业知识存在结构性缺失,教师的学科知识丰富,却对教育对象的认知缺乏专业深度;③教师专业发展缺乏持续性,过度专业化是主要原因,其中特别提出目前的教师专业培训方式并不适合成人;④教师专业发展水平不仅取决于教师个体的努力,也取决于制度的公平性;⑤对于教师专业发展,需要从教师的职业生涯发展视角出发,更多地关注教师的个人属性。[1] 周钧从研究案例中发现,阻碍小学教师专业发展的因素更多的是内在因素,因此,学校和政府可以从激励内在因素的角度出发来制定政策,包括帮助教师形成学习的习惯,鼓励教师对教学经验和惯例进行反思,从理论和方法上引导教师做科研,支持"年轻的老教师"继续发展。[2] 金学成和王建军对上海两个区 4 所小学的调查显示,教师在专业发展中经历的阻碍主要在于缺乏时间,其原因多是非专业性事务过于繁重;男性教师在专业发展中遇到的阻碍比女性教师更大,音、体、美教师遇到的阻碍更多,而科学、社会教师遇到的阻碍主要在于素质能力不高;有 31 年以上教龄的教师遇到的阻碍相对更小,专家阶段的教师比其他教师更缺少专业发展的时间和精力,他们的非专业性事务也更为繁重;随着年龄的增加,教师越来越受素质、能力和已有经验的束缚;教师的发展意愿与教师遇到的阻碍程度呈极显著的相关。[3]

---

[1] 彭小虎.小学教师专业发展的社会背景变量分析[J].教育研究与实验,2011,(6):30-34.
[2] 周钧.阻碍小学教师专业发展的因素研究[J].教师教育研究,2013,25(4):51-55.
[3] 金学成,王建军.小学教师专业发展的阻碍因素研究[J].教育发展研究,2006,(14):31-35.

二、要促成教师发展，与其影响教师个体，不如影响教师所在的组织

对教师发展进行研究的研究者已基本达成共识，认为教师学习是教师发展的核心，其研究逐渐聚焦到"教师是如何学习的"这一问题上；而教师学习又与教师所处的组织文化息息相关，于是其研究又由"教师个体是如何学习的"深入至"教师个体所在的组织是如何学习的"这一问题上。

Latine、Behrstock-Sherratt 和 Lasadgna 从人力资本的理论角度对提升美国教师素质提出建议：将教师政策与实践看作一个完整、连续的统一体，各个利益相关者都有责任帮助教师发展，这一系统观将保证所有相关者有策略地联合起来，而不是各行其是。校长、社区、工会、高校层面都要有所作为，全方位地促进教师发展。[1] Burrows 通过数据证明，博士与小学教师合作的"工作坊"机制能够有效促进小学科学、技术、工程和数学学科教师专业能力的提升。[2] Day 认为，教师发展是一个完整的包括了教师所有学习经历的过程：既包括自然而然发生的学习，也包括有计划、有目的的学习；既包括直接学习，也包括间接学习；既有利于个人，也有利于群体及学校；所有学习经历的指向都是提升课堂教学的品质。教师专业发展既可能是一个教师自身发动的进程，也可能是一个由同伴带动的进程，其目的是更新、增进、升华教师在教育及教学中的伦理投入。更为重要的是，教师在发展知识、能力和情绪智力的过程中，获得了专业思维品质与执行力，并用这种专业思维品质与执行力在职业生涯发展的不同阶段展开自身与儿童、青少年及同事的交往实践。[3] Stigler 和 Hiebert 提出，"研究发现，美国现在的数学教学与 100 年前的数学教学几乎一样，为什么？因为教师总是用他们前辈的方法开展教学，而不是创造新的、高效的教学方法。绝大多数教师都仅仅是在延续传统……而教学的改变则不仅仅是一个技能技巧的问题，它是一个复杂的文化活动，而这个复杂的文化活动更多的是由显意识之外的信仰与习惯决定的。这就是为什么美国小学课堂在多年来持续改革的名义下却几乎没有发

---

[1] Latine S, Behrstock-Sherratt E, Lasagna M.Improving Teacher Quality: A Guide for Education Leaders[M]. San Francisco: Jossey-Bass, 2011: 5-6.

[2] Burrows A C.Partnerships: A systemic study of two professional developments with university faculty and K-12 teacher of science, technology, engineering and mathematics[J].Problems of Education in the 21th Century, 2015, (65): 31.

[3] Day C. Developing Teacher: The Challenges of Lifelong Learning[M]. London: Falmer Press, 1999: 4.

生改变"[1]。

三、影响教师发展的因素具有情境性和具象化的特点

现在的教师发展更加需要联系"上下文",其具象化、情境化的特征日益凸显。教师发展立足的根基是教师工作场所,即学校情境,这是教师日常工作和生活的"自己的情境",需要根据不同文化、不同学校、不同教师、不同目标进行个性化的专业发展实践。

王占魁提出,传统学校中教师的专业成长主要依靠业余读书和在个体的课堂教学活动中积累经验实现,当代教师的专业成长则主要是依托学校"教研共同体"组织的集体性听课、评课或听讲座等教研活动实现。实践表明,学校"教研共同体"所组织的听课、评课及公开课活动,在帮助当代教师实现从传统"教学活动的自在者"向"教学艺术的生成者"的角色转变的同时,也有助于提升教师的现场学习力。[2]朱小蔓提出,教师道德建设需要回归到人,回归到教师培养的规律,要使教师在职场中、在追求专业成长的过程中成为师德建设的积极主体,实现师德水平的提升。[3]

Creemers、Kyriakides 和 Antoniou 对当前西方世界小学教师发展研究领域做出综述,并对未来研究方向做出判断。有的研究者认为教师发展就是让教师具备具体的教学能力,这是一种基于能力提升的方法;有的研究者认为教师发展需要通过批判性反思,这是一种整体性提升的方法;有的研究者认为教师发展要超越二元对立论,赋予教师培训和教师专业发展具体的语境;有的研究者认为要建立教师发展的研究性理论基础,将关注点从调查个体教师的具体特征方面,转移到深入理解有效教学行为方面;还有研究者认为要用新的学习观看待教师发展。这些研究者的观点各有优点和缺点,今后的研究方向是用动态的眼光看待教师发展的政策与实践。[4] Timperley 结合 97 项

---

[1] Stigler J W, Hiebert J. The Teaching Gap: Best Ideas from the World's Teachers for Improving Education in the Classroom [M]. New York: The Free Press, 1999: 103.

[2] 王占魁. 从"个体教学"到"集体教研"——论当代教师的现场学习力 [J]. 教育发展研究, 2013, 33 (4): 19-23.

[3] 朱小蔓. 回归教育职场 回归教师主体——新时期师德建设的思考 [J]. 中国教育学刊, 2007, (10): 5-7.

[4] Creerners B, Kyriakides L, Antoniou P.Teacher Professional Development for Improving Quality of Teaching[M].New York: Springer, 2013: 2.

来自美国、英国、加拿大、以色列、新西兰的教师专业学习与发展的研究成果，写成《教师专业学习与发展》这一报告。此报告基于以下四点：①无论社会经济地位、家庭和社区对学生有怎样的作用力，影响学生学习的最大、最强的因素依然是教师的教学；②教学是一项复杂的活动，教师每时每刻做出的教学决定都是受多因素影响的，而不是由刻板的日程表决定的，这些多因素包括教师的知识、教师的信仰、学生的学习方式以及如何管理学生行为以达到外在要求的方式等；③创造各种条件与回应方式来鼓励教师学习，例如，要考虑到学习者本身具有的关于世界运行的先验性经验、发展深入的事实性知识和概念性知识、提升元认知和自我调节能力，帮助学习者设定目标，并引导其朝着目标前进；④教师的专业学习与教师实践的具体情境高度相关，如具体的班级文化、广义的学校文化、所在的社区文化以及社会文化等都会影响到教师的专业学习。[1] Timperley 还提出，教师要改变自己的教学行为并培养专业技能，就要对教育有深度的理解，因此，教师需要利用多元的机会吸收新信息并将之转化为行动。教师学习是一个循环而非线性的过程，教师需要从日常语境中不断地重温与尝试，教师的学习与教师的工作是同时、同步进行的。[2] Heideman 认为，当前对教师发展的认识已经超越了"教师发展就是知识增进"的阶段，目前强调的是"对变化的适应力"——对变化中的教育活动与学习活动的适应能力。教师发展既要转变教师的态度，又要提升学生的学业成绩，教师发展与个体需求、专业需求和组织需求密切相关。[3]

从已有研究看，目前小学教师发展领域的研究范式仍是以理论研究和经验研究为主，量化研究存在调查范围小、统计工具简单等问题。由于缺乏由数据支撑的小学教师发展方面的调查研究，所提出的结论与观点在操作性上显得薄弱。例如，《小学教师专业标准（试行）》中提出，小学教师应做终身学习的典范，那么，目前小学教师终身学习的轨迹是渐入佳境，是一马平川，还是有起有落？什么时候起？什么时候落？这需要进行精确的定位。再如，小学教师要均衡发展，那么重点学校与一般学校教师感知的差距在哪

---

[1] Timperley H.Teacher Professional Learning and Development[R].p6. [2018-02-12]. http://www.orientation94.org/uploaded/MakalatPdf/Manchurat/EdPractices_18.pdf.

[2] Timperley H.Teacher Professional Learning and Development[R].p15.[2018-02-12]. http://www.orientation94.org/uploaded/MakalatPdf/Manchurat/EdPractices_18.pdf.

[3] Heideman C.Introduction to staff development//Burke P et al.Programming for Staff Development[A]. London：Falmer Press，2000：4.

里？男女教师的差异体现在哪里？究竟是哪些因素在小学教师发展中起到决定性作用？这些基本问题不解决，就无法提出行之有效的对策。本书将以实证调查为基础，对教师发展的主要影响因素进行科学研究，可视为小学教师发展领域的基础性工程。使用因素分析法确定影响小学教师发展的因素，可以使小学教师发展的研究从思辨领域和经验领域中走出来，将研究建立在比较牢固、扎实的数据基础上，并且有望摆脱目前众说纷纭、无法达成共识的局面。

首先，本书将用实证调查法揭示小学教师发展的主要影响因素及其作用机制。影响小学教师发展的因素极为多元，既有微观层面的（如家庭、学校、同事），也有中观层面的（如规则、制度、传媒），还有宏观层面的（如意识形态和文化模式），不同因素相互作用，这个过程非常复杂。在这种情况下，需要对小学教师发展过程中的各种影响因素进行分析、归类，对复杂的现象进行抽象、简化，这样才能把握小学教师发展的主要影响因素和规律。本书力图全面、透彻地揭示出小学教师发展的主要影响因素，"全面"指立体地揭示出小学教师发展的影响因素，凸显出小学教师发展的社会性与共性；"透彻"指把影响小学教师发展的影响因素讲清楚、讲明白。

其次，本书将对当前小学教师发展中的外部环境问题进行诊断。为了有效促进小学教师发展、增强小学教师发展项目的实效性，我们有必要对小学教师发展中存在的问题特别是外部环境问题进行诊断和分析，在此基础上才可能提出有针对性的建议。本书在问卷调查的基础上，将得出的若干因素再次放回到复杂的现实中，用访谈法深入探究小学教师的个人困扰，从中找到小学教师发展中的结构性和体制性问题。理论视角来自成人教育和成人学习理论，即对当前小学教师发展中的外部环境进行诊断，并从发展的角度做出方向上的判断。

再次，呈现美国小学教师发展的实践及启示。对未来小学教师发展的改革建议，不能局限于一国之情、一隅之地，还需要有开阔的国际视野。笔者利用赴美国做访问学者的机会，对美国小学教师发展实践做了实证调查，进行了田野研究，了解了他们的理论与实践，以期对我国小学教师发展有所启发。

最后，本书还将提出具体的促进小学教师发展的路径建议。真实、准确的数据是改革的基础和依据，只有客观、准确地掌握当前小学教师发展现状，用数据来检视和指引行动，才有可能做出科学决策，行动才会更有方向性、更有效率。本书将量化调查和质化研究、实证研究和理论研究结合起来，最终目的是实事求是地呈现事实，找到问题，探索适合我国国情的小学教师发展之路。

第二章
成人教育学视角下的小学教师发展

成人教育学经过几十年的发展，已经形成公认的、成熟的理论范式与思维路径。成人教育理论发轫于西方，产生的时代背景是西方国家的工业化大生产。19世纪中后期，西方各国陆续进行了第二次工业革命，与之相伴随的是经济的快速增长、科技的日新月异、利益的多元诉求以及政治的除旧布新。于是，现代意义上的有组织、系统的成人教育以空前的速度与规模发展起来。与此同时，成人教育理论和成人教育学科在世界各国也逐渐兴起，呈现出生机勃勃、气象万千的发展态势。目前，以成人学习为核心的成人教育学已成为教师发展领域的重要理论来源之一，其理论本身就是一座富矿，具有非常丰富的研究方法方面的价值与功能。本章将从成人教育学的视角来阐述小学教师发展。

第一节 作为成人的小学教师

成人教育学作为教师发展的指导理论之一，主要关注个体独特的、不可替代的、不可复制的生活经历和思维经历，以及对其自我意识与潜能的唤醒，让个体看到自己的力量与能力，建构自由与责任相统一的成熟的自我。从这个意义上说，用成人教育和成人学习的理念观照小学教师发展，尊重小学教师的生活经验和自我概念，以小学教师的需求作为教师发展的出发点，是小学教师发展研究的重要基础与方向。

小学教师发展影响因素研究——基于江苏省的调查

小学教师的发展实质上是其在成人阶段的发展。目前，一些小学教师培训之所以没有取得预期效果，很大程度上是因为这些项目没有把小学教师当作成人学习者来看待，将成人教育学与普通教育学相混淆，对成人学习与儿童学习不加区分，小学教师作为成人学习者的特征没有得到充分重视，其独特的需求也没有得到充分知晓。所以，厘清小学教师发展与学习的本质，是实现小学教师发展的第一步。

一、学习是成人的天性

教育学的科学化之旅受惠于心理学研究，心理学所归纳的个体心理规律及个性特点往往是教育学的立论根据或推论前提，成人教育亦复如此。"成人教育的兴起与发展，从某种程度上可以认为是以成人学习能力的再认为前提的……桑代克是西方第一个通过实验论证成人学习的心理学家。"[1]

成人还能不能学习？在近代以前，人们对此一直持否定态度，对成人的学习能力和学习效率持悲观看法，认为成人已经丧失了学习能力，正如一句西方谚语所说，"You can't teach an old dog new tricks"（你不要教老狗新的技能）。第一个对成人学习能力进行科学研究的是美国心理学家桑代克，他和同事用科学心理学的方法对成人的学习力进行研究，并在其著作《成人的学习》一书中开宗明义地提出，"此书之目的在于，报告自十五岁至四十五岁，尤其自二十五岁至四十五岁，学习能力之分量与性质的变迁。此种材料，对于各种成人教育之指导，必可有甚大之贡献"[2]。"学习之能量，永不停止；成人之可型性或可教性仍大，二十五岁后仍可继续学习。"[3]"若能供给机会，使成人得学其所能学，且其所学为有益于社会者，则此种供给，为一国之妥当的慈善事业及生产的投资。反之，若用诡巧广告，或过度宣传，诱人选习其与兴趣或能量不合之课程，则消耗与失望，必将相继而起。在成功或失败上，年龄实为微小之原素；能量，兴趣，精力与时间，则为重要之原素。"[4]

科学研究证明，学习是人类的本质特性之一，无论是儿童还是成人，

---

[1] 李中亮. 桑代克成人学习理论及其启示 [J]. 成人教育，2007，(1)：30-32.
[2] [美] E. L.Thorndike. 成人的学习 [M]. 杜佐周，朱君毅译. 上海：商务印书馆，1933：1.
[3] [美] E. L.Thorndike. 成人的学习 [M]. 杜佐周，朱君毅译. 上海：商务印书馆，1933：2.
[4] [美] E. L.Thorndike. 成人的学习 [M]. 杜佐周，朱君毅译. 上海：商务印书馆，1933：219.

都有自治、探索、创新的愿望和能力,这是一种与生俱来、深入骨髓、根深蒂固的天赋。无论其性别是男是女,其财富是多是寡,其地位是贵是贱,其智力是上智、中人还是下愚,都希望自己能变得更好些、更明白些、更自在些,即人人都具有自我提升的意愿,同时也具有自我提升的力量,尽管这种力量有个体差异。正因为人具有如此高的灵性,所以人类才创造了浩瀚的文明:科学、宗教、艺术、习俗、法律……这些都是通过人类的探索欲望和探索能力而实现的,这是人的"自由意志"的绝好体现,桑代克将之称为"人类的可变性(human modifiability)——人类学习的能力"[1]。

在桑代克之后,许多心理学家对成人学习心理进行了研究,心理学形态的知识顺利地转化为成人教育的原理和方法,从而为成人学习、成人教育的科学性提供了理论依据。当今世界已经达成这样一种共识:教育不应只限于童年和青年时代,而应当是贯穿于人的整个一生,是一个持续终生的过程。

身处资本主义工业化初期的桑代克说:"一个坚定,勤勉,可靠之工人,常具体育,智育,德育上之美德,不可因工业界之变迁,致其专技不能应用,遂成废物。公家私人,对其教育,均应有所设施,使成为有用之人,且所费甚少,而所得甚多。"[2]这一具有鲜明人力资源色彩的成人教育观点在今天的知识社会仍然适用,良好的成人教育制度的施行能惠及社会与个人。推进成人扫盲和成人学习已成为各国成人教育政策制定的初衷,在日本、德国、美国和瑞典等成人教育制度较成熟完善的国家,成人教育更是深得人心,甚至可以说已成为社会生活的必需品,它既是公民生存和发展的重要工具,又是一种生存和生活方式。所以,成人教育和终身教育已被现代国家纳入国家教育制度之中。

在成人教育实践中,教育与社会结下了深厚缘分:成人教育是国家的一项有价值的投资,也是国民的一项重要权利与福利,两者之间相辅相成、互相促进。但是,从古至今有不少学者认为,教育与社会的这种联姻暗含着巨大的危机,教育的不独立、不自主会导致由其所培养出来的个人极有可能沦为"工具""机器""顺民",而这是背离人性的。于是,在职业教育、成人教育的实践中又进行了纠偏,杜威等教育家为此做出了很大的理论贡献,其意义就在于在个人与社会需求之间找到平衡点。

---

[1] [美]爱德华·L.桑代克.人类的学习[M].李月甫译.杭州:浙江教育出版社,1998:1.
[2] [美]E.L.Thorndike.成人的学习[M].杜佐周,朱君毅译.上海:商务印书馆,1933:221.

二、成人教育不同于儿童教育

20世纪60年代之后，研究者开始考虑成人智力发展特征与教育之间的关系问题。1968年，美国成人教育学家诺尔斯出版了《现代成人教育实践》一书，他提议使用新标志和新技术以区分成人教育和儿童教育，鲜明并系统地提出成人教育学的根本性问题。"这样，'成人教育学'就成了一个对那些试图将成人教育从其他教育中独立出来的人们极有号召力的理论。"[①]

诺尔斯认为，成人教育学是帮助成人学习的艺术和科学，儿童教育学是帮助儿童学习的艺术和科学，这是两种理论模式，它们之间不是相互矛盾、相互排斥的，而是一个系列中的两个端点，"对于处在两个端点中间的特定情境，它们更加有用，可以使理论更加切合实际"[②]。诺尔斯立足于埃里克森的"个体发展八阶段"的个体成熟路线，详细列出了儿童教育学与成人教育学两种模式的对比表（表2-1）。[③]

表2-1 儿童教育学与成人教育学两种模式的对比表

概念	儿童教育学	成人教育学
学习者的概念	学习者的职责被定义为领先型。社会要求教师全部负责确定学生应学什么、何时学、如何学、学到没有	人从依赖型转变为独立型是成熟过程中的一个正常的方面，但是对于这种转变，不同的人有不同的速度和不同的生活内容。教师有责任鼓励和培养学生进行这种转变。成人虽然可能在特定情境中暂时依赖他人，但是其却有一种心理需要，希望在一般情况下独立自主
学习者经验的作用	学习者带到学习情境中的经验很少有什么价值。开始时它可能有用处，但是学习者渴望从中得到大量有益的经验却是教师的经验、教科书编纂者的经验、视听材料制作人和其他专家的经验	随着自己的成熟和发展，人们会积累越来越多的经验。这些经验可以成为自己和他人丰富的学习资源。另外，人们还常常给予从经验中获得的知识新的含义，而不是被动地获取知识。因此，教育的基本技术就是经验型技术——实验室工作、讨论、问题解决实例、模拟学习、现场活动等
学习的准备性	只要有足够的压力（如担心失败），人们就会准备学习社会（特别是学校）认为他们应当学习的东西。因此，对所有学习者来说，学习应当有相当标准的课程，按部就班地前进	人们准备学习某种东西，是因为他们觉得有一种需要，为了更加满意地解决实际生活中的问题。教育工作者有责任创造新的条件，提供新的工具，以帮助学习者弄清需要。学习计划应当根据生活中的需要来组织，根据学习者所要求的学习步骤安排先后顺序

---

① [法] 雪伦·B. 梅里安. 成人学习理论的新进展 [M]. 黄健等译. 北京：中国人民大学出版社，2006：7.
② [美] 马尔科姆·诺尔斯. 现代成人教育实践 [M]. 蔺延梓译. 北京：人民教育出版社，1989：40.
③ [美] 马尔科姆·诺尔斯. 现代成人教育实践 [M]. 蔺延梓译. 北京：人民教育出版社，1989：41-42.

续表

概念	儿童教育学	成人教育学
学习的倾向性	学习者把教育看作是一个学习书本知识的过程。他们知道，大部分知识只是在人生靠后一段时间才能有用。课程应当按照书本知识的单元（科目）组织。知识单元应遵循科目的逻辑顺序（如历史课应当从古至今，数学课或其他自然科学应当由简到繁）。在学习方向上，人们以书本知识为中心	学习者把教育看作是一个日益提高能力以充分发挥其生命潜力的过程，他们希望能够把今天学得的所有知识和技能都更加有效地运用于明天的生活中。因此，学习活动应当围绕着提高能力来组织。在学习方向上，人们以实用为中心

诺尔斯使用大量心理学的理论与术语（自我概念、学习准备、个体经验、学习倾向性）论证了成人教育学的正当与必要。从心理学视角来看，成人教育的意义在于促进个体自我意识和自我概念的成熟，如果教育过程能够促进个体由懵懂无知的"我不知道我是怎样的人"的状态，进入思路清晰的"我明白我是怎样的人"的状态，那么，由儿童教育到成人教育的序列就平顺过渡并圆满完成了。"终身教育的概念是圆周式的：只有当人们在儿童时候受到了良好而合理的教育，这种教育以实际生活的需要为基础，又为社会学、心理学、身心卫生的研究成果和数据所阐明，他们才可能有名副其实的终身教育；但是，除非成人教育在人们的思想和生活方式中牢固地确立了自己的地位，除非它有了坚实的组织基础，否则就不能完成这样一种教育。"[①]

三、将小学教师视为独立自治的成人学习者

联合国教育、科学及文化组织（以下简称"联合国教科文组织"）在1970年就提出："学会如何学习，这不仅仅是一个口号。这是指一种特殊的教学方式。如果教师们想把这种教学方式传给别人，他们自己首先就要精通它。"[②] 这种自主学习的意志与能力，对于小学教师这一行业尤为重要，因为其牵涉到儿童学习能力培养这一教育的根本问题。"'学会学习'这句话现在已是人们用俗了的套语，人们把它作为一种最佳的解决办法加以滥用从而使它变得乏味了。但是，它的意义是名副其实的。从此以后，在任何学习过程

---

① [法]保尔·朗格朗.终身教育引论[M].周南照，陈树清译.北京：中国对外翻译出版公司，1985：16.
② 联合国教科文组织国际教育发展委员会.学会生存——教育世界的今天和明天[M].华东师范大学比较教育研究所译.北京：教育科学出版社，1996：251.

中，重点不能再放在必然局限、安排刻板的内容上；它必须着眼于理解的能力、吸引和分析的能力、把学得的知识加以条理化的能力、应付裕如地处理抽象与具体之间的关系和一般与特殊之间关系的能力、把知和行联系起来的能力以及协调专业训练和学识广博的能力。"①

　　小学教师是独立自治的成人学习者，良好的教师发展能让小学教师不是在一种自我摸索中成长，而是通过有意识、有设计的开发活动使他们从事更高层次、更高境界的教育教学工作。长期以来，教师发展项目常常用教育儿童的方式开展教师教育，教师也常常习惯于被动地接受知识灌输与权威指导，进而丢失了一个成人应有的独立性、自治性和创造性。成人教育的独特贡献在于把教师的自由和自治引入教师发展中，尊重学习者已有的自我概念、生活经验以及学习的独立性与自主选择性。教师发展项目应当是"以教师的全面发展为目的"，最终指向为教师服务，通过各种途径为教师提供其所需要的帮助，帮助他们达成所希望达到的专业目标，使其职业生活更加充实与幸福。当这一想法真切地落实到实践之中时，就需要颠覆目前惯常的思维和做法。各类教师教育项目都应以满足教师的需求为出发点和归宿，改变传统的集权思维和不够灵活的继续教育体制；不仅要落实教师责任，更重要的是要赋予教师自主自治的权利，变命令、强制、压抑型的教师培训为自由、协商、温雅型的教师发展。

　　巴西成人教育学家弗莱雷提出将"对话"作为成人教育的本质性方法。成人教育是一门崭新的教育哲学，完全不是以前那种灌输、强制、机械、以消除思考为目的的"讲解"，而是平等、人道、灵动、以引发思考为目的的"对话"，"对话"始终在爱、谦虚、信任的基础之上进行。弗莱雷所说的"对话"并不仅是技术层面的小方法，而是顺应成人学习与认知过程的大方法。"真正的教育不是通过'甲方'为'乙方'（'A' for 'B'），也不是通过'甲方'关于'乙方'（'A' about 'B'），而是通过'甲方'与'乙方'一起（'A' with 'B'），世界给甲、乙双方留下了印象并提出挑战，产生各种关于这个世界的观点或想法。"② 于是，成人教育的方向发生了根本转变：由"上所施下所效"的纵向模式转变为双方平等交流的扁平模式，线性论失去了市场，让人感到无限

---

① [法]保尔·朗格朗.终身教育引论[M].周南照，陈树清译.北京：中国对外翻译出版公司，1985：49.
② [巴西]保罗·弗莱雷.被压迫者教育学[M].顾建新，赵友华，何曙荣译.上海：华东师范大学出版社，2001：42.

可能、无限希望的未来观占据了上风。

将成人教育理论作为小学教师发展的指导，有助于更好地理解小学教师作为成人学习者的特点，从而更好地促进小学教师的学习与发展。

第二节　作为成人的小学教师的发展

小学教师的发展实际上就是小学教师作为成人的学习与成长的过程，从成人教育的视角出发，需要重新评估小学教师作为成人的天然的学习力，用适宜于成人学习的方法把小学教师原有的学习欲望和学习需求最大限度地激发出来，把他们被忽略的天性最大限度地呈现出来，如此对于教师、学生及社会都是有用、有利、有益的。

一、小学教师发展的概念

《礼记·大学》中说："苟日新，日日新，又日新。"其描述的是人新陈代谢、革故鼎新的一种状态，其内在动力是一股积极进取、寻求变化的力量，这种力量使人在日复一日的常规生活中呈现出求新求变、欣欣向荣、日新月异的精神面貌。"周虽旧邦，其命维新"，"君子无所不用其极"，表达出中国古人对发展的赞叹、向往与不懈追求。人之所以为人，贵为万物之灵长，就在于人具有一种生而神明的能力，人不是简单、被动地接受外界的安排与影响，而是具有自主调节能力，能够与外界环境相沟通、相斗争、相协调，以不断地超越现状，实现更好的发展。

西方教育家对发展的理解与中国古代的发展观有着共通之处。皮亚杰提出内因和外因相互作用的发展观，即人的心理发展是主体与客体相互作用的结果；发展的过程是主体自我选择、自我调节的主动建构过程。杜威认为，"生活就是发展；不断发展、不断生长，就是生活……教育的过程是一个不断改组、不断改造和不断转化的过程"。[①]

---

① [美]约翰·杜威.民主主义与教育[M].王承绪译.北京：人民教育出版社，2008：58.

总之，发展是个体在与环境的互动中自主调节、不断超越，最终获得自由的过程，这也正是成人教育的追求。"世界不再符合人们从童年起逐步建立起来的形象，它已变得为他们所不可理解，而且不久将会带有敌意。如果要在生活的现实和每个人必然有的对生活的认识之间保持平衡，那就必须不断地从政治上和物质上按事物的本来面目和变化的动态来认识宇宙。如果人们做不到这一点，那他们就会变成自己生活环境的陌生客人，就会认识不到自己生存的价值和特点，到头来甚至不再了解自己。解释这个世界的变化因素需要有灵活性和适应性，今天，获得这种灵活性和适应性比以往任何时候都重要。"① 成人教育理念着眼于一个全球性的现实，那就是时代变迁的速度越来越快，人们所面临的物质世界、知识世界、精神世界和道德世界每时每刻都在发生巨大的变化，以至于现在的理论不能适应外界新的变化，如果人们的思想难以与变化着的外部世界保持同步，人的痛苦与失落便会油然而生。新一代人所面临的环境和竞争已经远远超出上一代人可以理解的范畴，所以自我调节的意识与能力已成为新时代的人所必须具备的素质。

在成人教育的视角下，本书对发展的界定是：发展是主体为了解决自己在与环境相互作用过程中产生的种种问题而不断进行的持续性的自我调节过程，发展的目标是个体获得自我教育和自我提升的能力。由此，小学教师发展是指小学教师为了解决自己在与环境互动过程中产生的问题而不断进行的、持续性的自我调节过程，其目标是小学教师获得自我教育和自我提升的能力。这启示我们，在研究小学教师发展时，首先要认识到小学教师是一个完整的人、发展中的人，同时也是社会中的人、环境中的人。发展不仅是正常的，而且是必需的；发展不是少数教师的特权，而是所有教师的基本权利；发展既包含出发、奋斗、成功，也包含反思、知止、调整。

二、小学教师发展的方向与序列

按照马斯洛的需要层次理论，人类的需求像阶梯一样从低到高分为五种，分别是生理需求、安全需求、社交需求、尊重需求和自我实现需求。高层次的需求比低层次的需求具有更大的价值，人的最高需求即自我实现，就是以最有效和最完整的方式表现自己的潜力，唯此才能使人达到高峰体验。

---

① [法]保尔·朗格朗.终身教育引论[M].周南照,陈树清译.北京：中国对外翻译出版公司,1985：22.

杜威这样描述发展的方向："活动越高尚，愈属纯粹的智力活动；它与物质的东西或身体的关系愈少。愈是纯粹的智力活动，它就愈是独立的或自给自足的活动。"①

据此，小学教师发展中需要解决的问题也由低到高分为三个层次："我与物""我与人""我与自己"。简言之，发展就是解决问题，从解决"我与物""我与人"的问题，直至解决"我与自己"的问题，发展的最高层次就是获得自我的成长。

"我与物"的层次包括教师的生存、物质、安全、稳定等方面的问题，对应于马斯洛所说的生理需求和安全需求，这是小学教师最基本的需求，当这些需求得到满足，并能维持生存后，其他的需求才能成为新的激励因素。

"我与人"的层次包括教师的归属感、被认可感、受尊重感等方面的问题，对应于马斯洛所说的社交需求和尊重需求，当这些需求得到满足后，人会对自己充满信心，对社会满腔热情，体验并珍视自我价值。

"我与自己"的层次包括小学教师获得自治感和自由感，不再为外在的名利所累，对应于马斯洛的自我实现需求，这时教师将所有的关注和能量都放在自己身上，希望自己的内在价值和内在潜能得以实现。

马斯洛认为，人内部存在着这种向一定方向成长的趋势和需要，这种趋势和需要将会使人由追逐金钱、财富、舒适、声望，而逐渐上升到或回归到关注自己的内心，获得真正的自由。每个层次的需求满足的程度，都将决定小学教师个体的发展境界。

三、小学教师发展的内容与方式

小学教师是一个人进入正式教育阶段的首位"重要他人"，古人说"慎始"，就是强调启蒙教育对一个人一生的重要性。小学是培养孩子人格雏形的关键阶段，小学教师为孩子一生的发展涂上精神底色，所以小学教师具备相应的专业素养至关重要。

2012年，教育部制定《小学教师专业标准（试行）》，从专业理念与师德、专业知识、专业能力三方面对小学教师专业标准进行了界定，这是国家对小学教师素质的要求，是小学教师实施教育教学行为的基本规范，也是小学教

---

① [美]约翰·杜威.民主主义与教育[M].王承绪译.北京：人民教育出版社，2008：271.

小学教师发展影响因素研究——基于江苏省的调查

师发展的基本内容。专业理念与师德包括职业理解与认识、对小学生的态度与行为、教育教学的态度与行为以及个人修养与行为；专业知识包括小学生发展知识、学科知识、教育教学知识以及通识性知识；专业能力包括教育教学设计、组织与实施、激励与评价、沟通与合作、反思与发展。

在小学教师发展的三大内容中，专业理念与师德是小学教师发展的核心，这是由小学教育的根本特性所决定的。小学教育的第一大特性是公共性，教育具有公共的使命，即孔子所说的"有教无类"，小学教师要尊重每一个孩子，要对所有儿童不存"分别心"，为其提供相同品质的教育，不受其家长社会和经济地位差异的影响；要让每一个孩子都得到适宜的发展，不能把孩子分为蠢、智、优、劣等类别，不能歧视学生，不能带着偏见与偏心实施教育，否则，即使拥有再高深的知识和再高超的教学技巧，都不能算是一位合格的小学教师。小学教育的第二大特性是基础性，小学教育教学活动都是围绕培养一个人的基本素质与核心素养而展开的，这是古今中外小学教育界达成的共识。

小学教师的工作对象是小学生，小学生身心发展的一个重要特点是"亲其师，信其道"，他们将喜欢一门学科知识与教这门学科的教师联系起来，能够敏锐地感受到教师对自己的态度，这些感受将会直接影响到小学生对自己、对他人、对世界的认知。小学教育的关键在于情与情的沟通，用教师的心弦去拨动学生的心弦，用教师的热情去点燃学生的热情，用教师的人格去引领学生的人格，所以，对于小学教师而言，"人师"的重要性远远大于"经师"。

小学教师发展所涉及的专业理念与师德、专业知识、专业能力等方面的内容都需要在具体的、动态的教育情境中加以分析、阐释、讨论和提升。"近年来越来越多的研究发现，教师工作现场的学习对教师的专业成长更有帮助。工作现场出现的问题最真实、最迫切、最能激发教师的意识冲突，因此也最能激发教师的学习动力，而教师解决问题这一过程本身就是学习。"[1] 教师发展中真正核心的问题是教师的实践智慧。教师通过实践形成的是一种解决问题的智慧，它是与每个具体情境相连的，它必须考虑到实践的各种复杂性，它依赖于随时生成的各种判断和决定，它会因各种不确定因素而发生改变，它关注各种特别事件，它随时会在过程中因需要而

---

[1] 陈向明. 行动研究对一线教师意味着什么 [J]. 教育发展研究，2014，(4)：1.

改变其原定目标。①

工作场所学习是近年来在成人教育领域逐渐兴起的思潮与实践，在我国的成人教育学界，工作场所学习正在成为一个重要的、典型的研究领域。"对于一个组织、地区和国家来说，工作场所学习既是最为直接、最为有效的成人教育方式，也是个人、组织与社会可持续发展的必要保障，是构成学习型社会的重要基石。因此，工作场所学习已然作为教育学科的'新疆域'，是学习型社会和终身教育体系建设不可或缺的内容。"② 教师作为成人学习者，其学习不再是传统意义上前置性的、课堂中的、一劳永逸式的知识累积与技能掌握，而是一种集陈述性知识、程序性知识和缄默知识于一体的渐进式的实践智慧增长，教师所在的学校、班级既是学生学习的场所，也应当成为教师学习与发展的场所。2012年，《"国培计划"课程标准（试行）》指出："注重培训实践取向，针对问题解决，突出专业能力提升，服务教师终身发展……培训过程中要注重发挥学员的主体作用，创设学员参与的教学情境……采取案例式、探究式、参与式、情境式、讨论式、任务驱动式等多种方式开展培训，增强培训的吸引力和感染力。"③ 可见，成人教育的新理念和新技术对于小学教师培训方式的转变与发展具有启示和指导意义。

第三节　作为成人教育的小学教师在职培训

目前，成人学习已成为成人教育的核心，从"教育者提供教育"到"学习者中心主义"的转变，意味着成人教育更加重视学习者的主体需求、主体选择，标志着成人教育更加民主、更加人性，也更加市场化的发展趋势。作为成人教育的小学教师在职培训也要遵循这一发展趋势。

---

① 转引自姜美玲. 教师实践性知识研究 [M]. 上海：华东师范大学出版社，2008：3.
② 黄健，吴刚，刘德恩. 工作场所学习：学习型社会的重要基石——第九届国际人力资源开发学会年会（亚洲分会）述评 [J]. 开放教育研究，2011，17（1）：22-32.
③ 中华人民共和国教育部. "国培计划"课程标准（试行）[EB/OL].（2012-05）[2018-12-31]. http://old.moe.gov.cn/ewebeditor/uploadfile/2012/10/12/20121012170215824.pdf.

一、为教师在职培训注入本源性思考

"为什么老师在培训后，依旧重复着昨天的自己？"这是特级教师于永正提出的一个问题，这一问题既是校长的苦恼，也是教师自己的困惑。为什么各类教师在职培训不能对所有教师都产生良好的效果？虽然近年来小学教师的学历达标率不断得到提高，可是教师的教学设计能力、管理学生能力、科研能力的发展依然缓慢，教师培训并没有完全达到预期的效果。

目前，小学教师在职培训最为重要与集中的内容是学科教学，侧重于各个学科教师的专业素养与课堂实践。从成人教育的理论角度看，这里存在着一个潜在的危险与缺失，即"他们对技能的兴趣胜于原理，对方法的兴趣大于目的，或者说强调细节而忽视整体"[①]。这样热闹的表面造成的事实是，所有人既"忙"也"盲"。美国成人教育学家梅里安提示人们，需要给成人教育实践注入一个目的乃至注入对目的的思考，即在行动前不妨思考一些本源性的问题，例如，真正的成人教育究竟应该是什么样的？人们实际上离成人教育的应然目标是越来越近，还是渐行渐远？

一时间似乎没有人能够回答这些问题，所以梅里安建议人们停下来进行思考与观察，并提出一些疑问："我们力求帮助读者发现教育整体过程中带有根本性的问题，我们认为，发现重大的问题比找到确切的答案更能体现教育理论研究的价值。"[②]作为成人教育的小学教师在职培训要有本源性的哲学思考，要有对人类、对自身存在意义的探求，要兼具世界观和方法论的意义。

二、自我教育是教师培训的主要目的

"基于人本主义心理学，诺尔斯版本的成人教育学把个体学习者看作是自治、自由、以寻求成长为导向的学习者。"[③]联合国教科文组织的著名专家、法国成人教育学家保尔·朗格朗也持同样观点："成人教育，至少是具有自身生命的成人教育，没有因职业的、政治的或党派的原因而从外

---

① [美]伊里亚斯，梅里安. 成人教育的哲学基础[M]. 高志敏译. 北京：职工教育出版社，1990：9.
② [美]伊里亚斯，梅里安. 成人教育的哲学基础[M]. 高志敏译. 北京：职工教育出版社，1990：9-10.
③ [法]雪伦·B.梅里安. 成人学习理论的新进展[M]. 黄健等译. 北京：中国人民大学出版社，2006：11.

部强加的异己模式的成人教育,是自由的教育,为自由和以自由为手段的教育。"[①]"我们深信,教育工作对其他任何一个人、特别是成人能提供的帮助就是给他以工具,将他置于一种环境,使他能够依靠自己在社会上的地位、自己的日常经验、斗争、成功和挫折来建立自己的知识体系,进行独立思考,并逐步地形成和发展自己的个性,使个性的各个方面得到充分的表现。"[②]巴西成人教育学家弗莱雷也有同样的想法:"自由不是身外的理想,也不是可以成为神话的想法,而是人们追求人性完美的不可或缺的条件。"[③]

从成人学习的规律出发,教育不应是机械的、教条的、军事化的、发号施令式的、只关注短期效应的权宜之计,而是带有强烈的个人主义和民主主义色彩的深谋远虑。成人教育的直接目的并不是为了集体的利益,而是为了个体的幸福——促成个体的思想、身体、性格的舒展,促成个体自由独立人格的构建,这是使人免于沦为机器的奴隶的唯一途径,也是人类在智力成就上获得尊严的唯一条件。至今,这种自我导向学习的观点已被公认为成人教育与成人学习理论的重要支柱。

"教育主要的动因不再是校长、教师和导师了,而是处于受教育过程之中的个人。正是这种个人获得发展,也正是这种个人改造自己,正是这种个人通过对自己来讲是独特的而不可由别人来替代的一种过程来发挥自己的潜力。因而,自我教育是培训的主要目的。"[④]成人教育的最高境界就是达到人的自我教育,这是一种最高级的教育境界和学习境界,也应当成为小学教师在职培训的目标。

三、作为成人教育的教师培训要引发教师对自我的思考

"几乎没有什么人类的努力在其施行的过程中遇到的阻碍比教育领域中

---

① [法]保尔·朗格朗.终身教育引论[M].周南照,陈树清译.北京:中国对外翻译出版公司,1985:17.
② [法]保尔·朗格朗.终身教育引论[M].周南照,陈树清译.北京:中国对外翻译出版公司,1985:10.
③ [巴西]保罗·弗莱雷.被压迫者教育学[M].顾建新,赵友华,何曙荣译.上海:华东师范大学出版社,2001:4.
④ [法]保尔·朗格朗.终身教育引论[M].周南照,陈树清译.北京:中国对外翻译出版公司,1985:102.

遇到的更大。"① 这一感慨不独今日才有，它已持续了近百年。从成人教育理论来看，教师在职培训遇到如此困境，大致有两个原因：第一个原因是教师培训项目本身的质量不高。一位教师在《中国教育报》的平台上这样留言："上个暑假，学校安排的培训打破了我原来悠闲的暑假安排，而且整个培训内容太不接地气了，专家在台上讲得口干舌燥，学员们听得莫名其妙。"② 这样的培训对于教师来说就是无效的，甚至会引起教师的反感。第二个原因是教师本身所经历的"教育不良经验"。所经历的无数次各种形式的考试使得他们对谴责、惩罚和奖励等训化工具无比熟悉，多年之后，当其从"受压迫者"的地位上升为"压迫者"之后，他们也自然而然地把这些驯化工具用到自己学生身上，周而复始。"作为一名成人教育工作者，我们只能把教育看作是一个整体。这是我们正在从事的事业的一个逻辑上的进展，即我们将发现自己面对着这样一些成年人，他们受过挫伤，其正常的创造力的泉源已经枯竭，身心已经处在不正常的状态，因此不再对世界提出疑问或寻求自我完善。"③

小学教师发展的执行者必须是教师自己。培训、项目、教材、专家等固然重要，但充其量也只是帮助教师发展的手段而已，教师发展最根本的能量还是源于教师自己，所以从理论上说，教师发展应当是教师的自主发展。教师应当心甘情愿、迫不及待地主动发展，对自己的思想、判断和感情负责，永无止境地发挥自己的潜力，根据不断变化的教育内容进行专业上的更新与创新。

真正有效的教师发展必须直面以上问题，必须要引导其意识到自己既作为"被压迫者"又作为"压迫者"的双重性，而这种双重性都是非人性化的表现形式。"冲突在于是选择做完全的自我还是被分裂；在于是否从内心摆脱压迫者；在于选择与人和衷共济还是退避三舍；在于听任摆布还是自作选择；在于选择做观众还是当演员；在于自己行动还是通过压迫者的行动而行动的幻想；在于敢说敢做还是保持沉默；让本能中的创造和重新创造的能力磨灭掉。这是被压迫者悲剧性的两难选择，面向他们的教育必须把这一点

---

① [法]保尔·朗格朗.终身教育引论[M].周南照,陈树清译.北京：中国对外翻译出版公司,1985：3.

② 赵天骄.为什么很多老师培训后,仍然难变样[EB/OL].（2016-04-29）[2010-07-12].http://www.jyb.cn/china/wxjx/201604/t20160429_658498.html.

③ [法]保罗·朗格让.终身教育导论[M].滕星,滕复,王箭译.北京：华夏出版社,1988：16.

考虑在内。"[①] 教师发展如果不能让教师作为主体认识到这些问题并产生内心的焦虑与冲突，那么就注定无法使教师摆脱恍惚与迷惘，也无法从根源上解决自己与外界的问题。教师发展旨在让教师认识自己，积极反思社会和个人存在的问题，尝试着拷问自己："我的局限在哪里？"在自我知晓的基础上，教师方能与外在的世界进行有机连接，方能与更多的人和信息进行实质性的对话，最终改进自己的教育教学实践。

所以，从成人教育与成人学习的角度看，最佳的小学教师培训应当是一种人性的、合作的、服务的、授权的、沟通的、换位思考的实践。成人教育的目标能否顺利实现，取决于社会环境特别是政治环境是否为每个人的发展提供了平等的机会，是否保障了每个人都能享受社会的各类权利和福利，是否为每个人在人生中的不断调整与选择提供了方便的平台。这是作为成人教育的小学教师在职培训成功的本质与核心。

本章小结

小学教师发展实质上是其在成人阶段的发展，小学教师发展项目要想提升实效，就需要将成人教育和成人学习理论作为小学教师发展新的理论视角。成人教育和成人学习理论认为，成人学习者有着独立的自我概念，并能指导自己学习；他们已经积累了很多生活经验，这些经验对其学习来说是宝贵的资源，而不是障碍；成人的学习以问题解决为中心，他们对可以立即使用的知识感兴趣；成人学习的方向是自由、自治及自我教育。

成人教育理论与小学教师发展的理念不谋而合。从成人教育学的理论视角出发，要将小学教师视为一个"完整的人""发展中的人"。小学教师发展指小学教师为了解决自己在与环境互动过程中产生的问题而不断进行的、持续性的自我调节过程，其目标是使小学教师获得自我教育和自我提升的能力。

---

① ［巴西］保罗•弗莱雷.被压迫者教育学［M］.顾建新，赵友华，何曙荣译.上海：华东师范大学出版社，2001：5.

小学教师发展是有序列和方向的，从解决"我与物""我与人"的问题，直至解决"我与自己"的问题，发展的最高层次就是获得自我的成长。成人教育的理念与技术对于研究小学教师的终身发展以及形成学习型组织具有启发和指导意义。

作为成人教育的小学教师在职培训，要为教师在职培训注入本源性的思考，将实现教师的自我教育作为教师培训的目的，引发教师对自我的思考。从成人教育与成人学习的角度看，各类教师培训项目都应以满足教师的需求为出发点和归宿，最佳的小学教师培训应当是一种人性的、合作的、服务的、授权的、沟通的、换位思考的实践。

第三章

小学教师发展现状问卷调查

本章采用问卷调查法来研究小学教师发展现状及影响因素。笔者将所要研究的问题编制成《小学教师发展现状调查问卷》，让小学教师填答，从而了解小学教师对于此问题的看法和意见。本章力求从整体上描述小学教师发展需求的现状，关注小学教师个体的发展与其生活的平衡发展以及与组织的协调发展等综合性问题，勾勒出小学教师身处的发展环境，探索小学教师发展的主要影响因素及其相互作用机制，并观察目前的教师发展环境对小学教师产生的系统约束和系统激励。

第一节 小学教师发展的影响因素

笔者自编问卷进行调查，步骤如下：①根据研究目的编制问卷，按照马斯洛的需要层次理论，从生理需求、安全需求、社交需求、尊重需求和自我实现需求等方面收集信息，进行编制；②用面谈的方法测量问卷的专家效度；③编制正式调查问卷；④选定调查对象，随机发放问卷并回收。本节从小学教师发展需求的现状、小学教师发展的影响因素分析教师不同属性在各影响因素维度上呈现的特点，并采用相关分析和回归分析来揭示各影响因素的特点。

一、调查对象

本研究对江苏省内 5 个市的小学教师进行随机抽样，共发放问卷 800 份，回收问卷 644 份，其中有效问卷 588 份，有效率达 91.3%，并运用 SPSS16.0 软件进行统计分析（表 3-1）。

小学教师发展影响因素研究——基于江苏省的调查

表 3-1　调查对象

项目	参数
性别	男：139 人（23.6%）；女：449 人（76.4%）
年龄	35 岁以下：272 人（46.7%）；36～45 岁：195 人（33.4%）； 46～55 岁：101 人（17.3%）；56 岁及以上：15 人（2.6%）
教龄	10 年以下：184 人（31.4%）；11～20 年：187 人（31.9%）； 21～30 年：172 人（29.4%）；31 年及以上：43 人（7.3%）
职务[①]	校级领导：7 人（1.2%）；中层干部：43 人（7.3%）； 教研组长：67 人（11.4%）；普通教师：471 人（80.1%）
学校级别	区县重点：91 人（15.5%）；区县一般：497 人（84.5%）
职称	三级教师：15 人（2.6%）；二级教师：67 人（11.4%）； 一级教师：292 人（49.7%）；高级教师：214 人（36.4%）
现在学历	大专：139 人（23.6%）；本科：449 人（76.4%）
原始学历	中专：334 人（56.8%）；大专：159 人（27%）；本科：95 人（16.2%）
执教科目	语文：271 人（46.1%）；数学：159 人（27%）； 英语：70 人（11.9%）；其他：88 人（15%）
所获最高奖项	市级：41 人（7%）；区级：72 人（12.2%）； 校级：123 人（20.9%）；无：352 人（59.9%）

注：部分数据有缺省值，因四舍五入，个别数据之和不等于100%

为了探索小学教师发展的主要影响因素，我们对问卷所涵盖的相关选项进行了因素分析。因素分析是利用统计指数来厘清复杂现象背后的主要因素的一种统计分析方法，是现代统计学中的一种方法，它能够使研究者把一组反映事物性质、状态、特点等的变量简化为少数几个能够反映出事物内在联系的、固有的、决定事物本质特征的因素。使用因素分析法的好处是：运用数学方法对事关小学教师发展的多个方面所表现出的外部特征和联系进行由表及里、化繁为简的处理，在保持其基本信息量的基础上，从而得出小学教师发展主要影响因素的普遍本质的概括性认识，使后续的观点建立在较为客观的实证基础之上，尽可能避免"仁者见仁，智者见智"的主观判断。

二、小学教师发展影响因素的探索性因素分析

在问卷所涵盖的 50 个问题中，有 38 道题与小学教师发展直接相关，笔者对这 38 个有效题项进行了因素分析。因素分析适合性检验结果显示，

[①] 因校级领导、中层干部、教研组长的占比较小，故在后文分析时将此三类职务合并在一起，统称"中层领导"。

KMO 值为 0.853，意味着适合进行因素分析。结果表明，影响江苏省小学教师发展的因素主要可归纳为六个，这六个因素的特征值大于 1（图 3-1），且每个因素的因子载荷均高于 0.45，所有因素的累积方差贡献率为 57.61%。笔者将这六个因素分别概括为同级竞争、物质需求、职业胜任、职场关系、官方培训、师生关系，与碎石图结果一致，同级竞争的贡献尤为明显。旋转后因子载荷如表 3-2 所示。

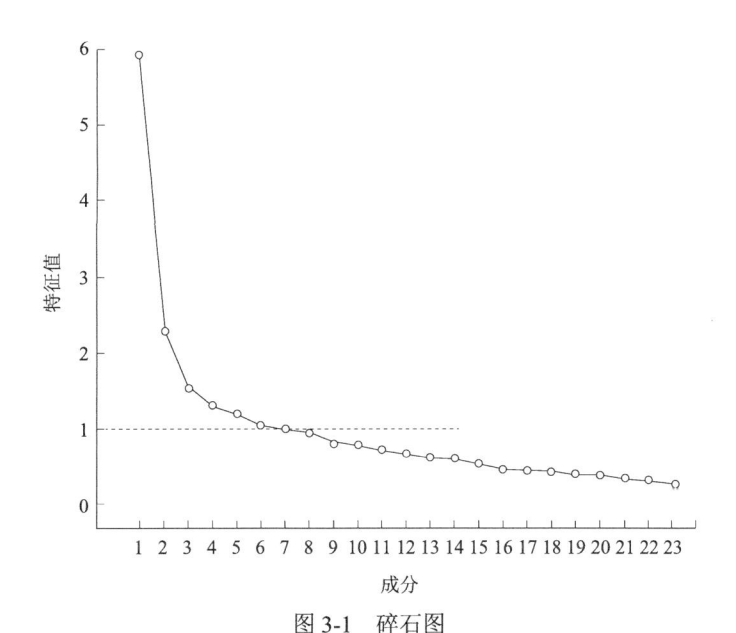

图 3-1 碎石图

表 3-2 旋转后因子载荷表

题号	题目	成分 1	2	3	4	5	6
T35	职称晋升时的公平感	0.788					
T36	职务竞聘时的公平感	0.710					
T37	制度内个人发展的效能感	0.670					
T33	人际关系的复杂感	-0.538					
T26	职称晋升的满意感	0.537					

续表

题号	题目	成分 1	2	3	4	5	6
T14	对总体生活状态的满意感	0.799					
T12	对住房条件的满意感	0.741					
T13	对工资津贴的满意感	0.721					
T17	对职业稳定的需求	0.513					
T16	职业自豪感			0.607			
T20	对岗位职责的胜任感			0.605			
T21	对学校发展的关注度			0.583			
T19	对考核机制的适应感			0.500			
T23	职业发展的顺利感			0.457			
T31	与同事关系的顺畅感				0.781		
T30	与同事交往的频数				0.780		
T32	与领导关系的顺畅感				0.548		
T42	对培训的总体感知					0.756	
T44	培训对专业能力提升的作用					0.703	
T22	对学校发展规划的知晓程度					0.584	
T28	与学生的关系						0.779
T29	与学生家长的关系						0.733
T27	师德师风建设						0.498

三、信度检验

我们通过内部一致性（α 系数）来检测信度，问卷所有题目的 α 系数是 0.841，一般认为，$\alpha>0.8$ 则问卷有较高的可靠性。本问卷各维度的 α 系数范围是 0.509～0.719，具体各维度及总问卷的 α 系数如表 3-3 所示。同级竞争维度信度比较低，是因为目前关于教师之间竞争的定义尚无共识，而这个问题涉及很多复杂的方面，此次问卷的题量较少，所以从数据看，只在职称与职务晋升的公平感、个人的效能感、人际关系的复杂感三个方面呈现出教师同级竞争的内容。

表 3-3　问卷各维度及总问卷的 α 系数

项目	同级竞争	物质需求	职业胜任	职场关系	官方培训	师生关系	总问卷
α 系数	0.509	0.707	0.674	0.719	0.654	0.648	0.841

四、因素类别及含义

1. 因素一

因素分析将以下 5 道题归为一类：职称晋升时的公平感（T35：您觉得您在晋升职称时的机会与其他同事均等吗？）、职务竞聘时的公平感（T36：您觉得您在竞聘行政管理岗位职务时的机会与其他同事均等吗？）、制度内个人发展的效能感（T37：您觉得您在所在的学校通过自己的努力能获得事业上的良好发展吗？）、人际关系的复杂感（T33：您觉得自己学校内的人际关系复杂吗？）、职称晋升的满意感（T26：您对自己的职称晋升感到满意吗？）。以上 5 道题主要围绕"职称"这一小学教师发展阶段的重要指标而展开，关注的核心在于职称晋升时是否公平，竞争的公平是相对于同级别的同事而言的，所以，笔者将第一类因素定义为"同级竞争"。"同级竞争"得分越高，意味着小学教师中的同级别竞争越激烈。

2. 因素二

因素分析将以下 4 道题归为一类：对总体生活状态的满意感（T14：您觉得目前您的生活状况总体而言是怎样的？）、对住房条件的满意感（T12：您对目前的住房条件满意吗？）、对工资津贴的满意感（T13：您对您目前的工资和岗位津贴满意吗？）、对职业稳定的需求（T17：近日，教育部相关负责人透露，要打破教师的"铁饭碗"，实行五年一注册，您认为此举有必要吗？）。以上 4 道题关注的是教师的住房、工资以及职业的安全感，根据马斯洛的需要层次理论，它们属于基础层次的需要，所以，笔者将第二类因素定义为"物质需求"。"物质需求"得分越高，意味着小学教师在物质、安全等方面的基础性需求越强烈。

3. 因素三

因素分析将以下5道题归为一类：职业自豪感（T16：您对自己从事小学教师这个职业感到自豪吗？）、对岗位职责的胜任感（T20：您是否顺利地履行了您在学校的岗位职责？）、对学校发展的关注度（T21：您认为学校的发展与您个人发展的关系是怎样的？）、对考核机制的适应感（T19：您对学校目前的考核和评价机制能适应吗？）、职业发展的顺利感（T23：到目前为止，您觉得您的职业发展顺利吗？）。以上5道题考查的皆是教师能否适应并胜任所在学校的岗位职责，而学校的岗位职责则是社会对教师角色的期待与规制，所以第三类因素关注的是个体对职业角色的胜任度，笔者将第三类因素定义为"职业胜任"。"职业胜任"是反向计分，得分越低，意味着小学教师的职业胜任感越好；反之，意味着小学教师的职业胜任感越差。

4. 因素四

因素分析将以下3道题归为一类：与同事关系的顺畅感（T31：您觉得自己与同事沟通顺畅吗？）、与同事交往的频数（T30：您与同事沟通交流的机会多吗？）、与领导关系的顺畅感（T32：您觉得自己与所在学校领导沟通顺畅吗？）。以上3道题反映的是教师职业中最重要的人际关系——与同事的关系和与领导的关系，所以，笔者将第四类因素定义为"职场关系"。"职场关系"是反向计分，得分越低，意味着小学教师的职场关系越融洽；反之，意味着小学教师的职场关系越紧张。

5. 因素五

因素分析将以下3道题归为一类：对培训的总体感知（T42：您对这次培训学习的整体感觉是什么？）、培训对专业能力提升的作用（T44：您认为这次培训学习对您专业能力的提升有帮助吗？）、对学校发展规划的知晓程度（T22：您清楚您所在的学校发展规划的主要精神吗？）。以上3道题关注的是学校体制内安排的教师培训项目的效用以及学校发展规范框架内的教师个体发展，带有典型的体制性、计划性与官方性，所以笔者将第五类因素定义为"官方培训"。"官方培训"是反向计分，得分越低，意味着小学教师认为官方培训的效果越好；反之，意味着小学教师认为官方培训的效果越差。

6. 因素六

因素分析将以下 3 道题归为一类：与学生的关系（T28：您觉得自己与学生之间的关系融洽吗？）、与学生家长的关系（T29：您觉得自己与学生家长之间的关系融洽吗？）、师德师风建设（T27：您认为师德师风建设有必要吗？）。这 3 道题反映的是教师与学生及其家庭之间的关系，所以第六类因素可定义为"师生关系"。"师生关系"是反向计分，得分越低，意味着小学教师与学生及其家长的关系越融洽；反之，意味着小学教师与学生及其家长的关系越紧张。

经过因素分析可以勾勒出小学教师发展的六个影响因素：同级竞争、物质需求、职业胜任、职场关系、官方培训、师生关系。这一结果凸显出小学教师发展的社会性与个体性，较为立体与全面地揭示出影响小学教师发展的主导因素。

第二节 小学教师的生活压力来源

数据显示，经济收入是小学教师的第一生活压力来源，它已成为影响小学教师发展的首要因素，教师对收入的满意度与其对整体生活状态的满意度高度相关，为了提高收入，一些教师不惜放弃公立学校的教职。

一、经济收入已成为影响小学教师发展的重要因素

1. 绝大多数小学教师的住房都是自购的

小学教师这一职业群体在住房资源上与其他职业相似，大多数学校已经不再为教师提供住房福利，这与中国社会整体上由计划经济到市场经济转型的方向是一致的。江苏省小学教师的住房客观情况如表 3-4 所示。

表 3-4 江苏省小学教师的住房客观情况　　　　单位：%

题目	自购商品房	在外租房	租学校的房子	学校福利分房	合计
住房条件	83.4	13.5	1.2	1.9	100

2. 小学教师对工资津贴的满意度远低于对住房条件的满意度

57.6%的小学教师对自己当前的住房条件表示满意，相比之下，只有26.2%的小学教师对自己的工资津贴表示满意（表3-5）。这从一个侧面说明小学教师感到目前自己的工资津贴过低。

表3-5　小学教师在住房条件和工资津贴方面的满意度　　单位：%

题目	非常满意	比较满意	一般	较不满意	不满意	合计
住房条件	17.9	39.7	31.2	4.2	7.0	100
工资津贴	4.2	22.0	53.8	11.2	8.8	100

3. 超过半数的小学教师对自己的生活状况持一般态度

只有4%的小学教师对自己的生活状况持否定评价，绝大多数小学教师对自己的生活状况的评价是正向或一般。尤其值得注意的是，在对自己生活状况的总体评价方面，近60%的教师持一般态度（表3-6）；在对自己的工资津贴进行评价时，也是近60%的教师持一般态度（表3-5）。

表3-6　小学教师对自己生活状况的总体评价　　单位：%

题目	非常好	比较好	一般	较不好	不好	合计
生活状况总体评价	3.1	36.3	56.6	2.0	2.0	100

4. 超过半数的小学教师认为没有必要打破教师的"铁饭碗"

不足5%的小学教师认为打破教师的"铁饭碗"完全有必要，近30%的小学教师认为有一定必要，而51.1%的小学教师认为此举没必要（表3-7）。这说明，"铁饭碗"是留住小学教师的一个重要原因。

表3-7　小学教师对打破教师"铁饭碗"的看法　　单位：%

题目	完全有必要	有一定必要	不清楚	没什么必要	完全没有必要	合计
对打破教师"铁饭碗"的看法	4.2	29.3	15.4	36.3	14.8	100

二、小学教师发展的职场特色

1. 半数小学教师在校工作时间超过 10 小时，最期待能在工作时间内参加培训，最喜欢小组团队学习的方式

近 50% 的小学教师在校工作时间为 10 小时或超过 10 小时（表 3-8），说明大部分小学教师都是在满负荷地工作，闲暇时间不足。在工作时间内学习是小学教师最期待的培训时间安排，其次是半脱产、集中全脱产，而节假日学习是小学教师最不认可的时间安排(表 3-9)。超过半数的小学教师认为，在教师的专业发展中最有效的学习方式是小组团队学习，其次是一对一师徒制、自我学习、专家讲座（表 3-10）。

表 3-8　小学教师在校工作时间统计　　　单位：%

题目	8 小时	9 小时	10 小时	11 小时	12 小时	13 小时	14 小时	合计
在校工作时间	22.0	28.1	43.5	5.4	0.6	0.2	0.2	100

表 3-9　最期待的培训时间　　　单位：%

题目	集中全脱产	半脱产	在工作时间内	节假日学习	合计
您期待的专业培训学习时间	26.8	31.1	36.7	5.4	100

表 3-10　最期待的培训方式　　　单位：%

题目	自我学习	小组团队学习	一对一师徒制	专家讲座	合计
您认为最有效的学习方式是	17.3	55.4	19.9	7.4	100

2. 绝大多数小学教师的职业适应性、胜任感和满意度均为正向

只有 11% 的小学教师对目前学校的考核和评价机制感到不太适应，而 48.5% 的教师感到适应度一般，38.1% 的教师感到比较适应；同时，仅有 2.4% 的教师感到非常适应，比例极小（表 3-11）。近 85% 的小学教师都能顺利地履行学校的岗位职责，说明绝大多数小学教师的职业胜任感都是正向的，只有 0.5% 的小学教师的职业胜任感是负向的。在评价自己职业发展顺利程度方面，近 50% 的小学教师认为是顺利的，44.2% 的小学教师认为一般，5.9% 的小学教师认为不顺利（表 3-12）。

表 3-11　对目前学校考核和评价机制的适应情况　　单位：%

题目	非常适应	比较适应	一般	不怎么适应	不适应	合计
对学校考核和评价机制的适应	2.4	38.1	48.5	9.1	1.9	100

表 3-12　小学教师的职业胜任感和满意度　　单位：%

题目	非常顺利	比较顺利	一般	不怎么顺利	很不顺利	合计
学校岗位职责的履行	19.3	64.9	15.3	0.3	0.2	100
对自己职业发展顺利与否的评价	2.6	47.3	44.2	4.9	1	100

3. 小学教师职场关系融洽，与同事有着高频率的交往，其最重要的社会支持系统由朋友和亲属构成

绝大多数（超过90%）小学教师都认为自己与学生、家长、同事的关系是融洽的；65.8%的小学教师认为自己与领导的沟通是融洽的（表3-13）。可见小学教师感知到的学校场域中的人际关系（与学生、家长、同事、领导的关系）基本是融洽的，教师个体被尊重的需求得到满足。小学教师与同事有长时间、高频率的日常交往（表3-14）。超过80%的小学教师认为校内人际关系比较单纯或是一般（表3-15）。数据也显示，小学教师最重要的社会支持系统由朋友和亲属构成，求助于同事的比例只有5.7%，学校已不是小学教师最重要的社会支持系统（表3-16），这可能与单位制的解体密切相关，个体对单位的隶属性和依赖性大为降低，取而代之的是契约关系，所以单位不再像计划经济时代那样成为小学教师最主要的社会支持系统来源。

表 3-13　小学教师对职场人际关系的感知　　单位：%

题目	非常融洽	比较融洽	一般	较不融洽	不融洽	合计
与学生的沟通	46.2	50.6	3.1	0.1	0	100
与家长的沟通	25.7	67.3	7	0	0	100
与同事的沟通	35.4	56.9	7.3	0.2	0.2	100
与领导的沟通	11.5	54.3	30.7	2.8	0.7	100

表 3-14　小学教师与同事沟通的频数　　单位：%

题目	非常多	比较多	一般	不太多	非常少	合计
与同事沟通的频数	25.7	67.3	7	0	0	100

表 3-15　小学教师对校内人际关系复杂程度的感知　　单位：%

题目	非常复杂	比较复杂	一般	不太复杂	不复杂	合计
校内人际关系	3.3	14.5	45.4	25.9	10.9	100

表 3-16　社会支持系统分析　　单位：%

题目	朋友	亲属	同事	同学	邻居	领导	其他	合计
受挫时求助对象	52.1	36.5	5.7	2.9	1.3	0.3	1.2	100

三、教师对收入的满意度与其对整体生活状态的满意度高度相关

由表 3-17 可以看出，住房、收入、整体生活状态和"铁饭碗"之间存在非常显著的关联性，最低的关联度是 0.221，最高的关联度则高达 0.618，$p<0.001$，笔者将这四个方面归类为小学教师发展的物质需求因素。结果显示，教师在自己的物质生活中最看重的是收入，对收入的满意度很大程度上决定了其对生活的总体满意度。这与前面频数统计的分析结果完全一致，说明本调查前后呼应，保持了较高的一致性。

表 3-17　物质需求维度内各题目相关分析结果（N=588）

	住房	收入	整体生活状态	"铁饭碗"
住房	1	0.418***	0.508***	0.238***
收入	0.418***	1	0.618***	0.221***
整体生活状态	0.508***	0.618***	1	0.253***
"铁饭碗"	0.238***	0.221***	0.253***	1

***$p<0.001$，**$p<0.01$，*$p<0.05$，全书同

四、当前小学教师专业发展的需求仍处在外部驱动阶段

1. 与真正意义上的自我驱动的专业发展尚存在差距

居于小学教师的生活压力来源前两位的分别是经济收入和工作压力，而专业发展则较靠后（表 3-18）。可见，当前小学教师专业发展的需求仍处在外部驱动阶段，普通教师仍需要"为三斗米折腰"，与真正意义上的自我驱动的专业发展尚存在差距。在小学教师看来，教师职业仅是一份工作，而且是一份压力较大的工作，还并非事业。

表 3-18　小学教师的生活压力来源　　　　　　　　　单位：%

题目	经济收入	工作压力	子女教育	家庭情感	住房	专业发展	社会保障	身体健康	其他	合计
生活中面临的困难	41.8	21.0	11.2	9.8	8.2	5.9	1.1	0.5	0.5	100

2. 近半数小学教师的职业自豪感呈一般状态

只有不足10%的小学教师对教师职业持否定态度（表3-19），超过90%的小学教师对自己的生活状况的评价是正向或一般，其中近50%的小学教师持中性态度。教师的职业自豪感与外界对教师职业的高度评价并不一致，这与上题可以相互对照。在市场经济的浪潮中，教师的职业自豪感可能因其经济收入的窘迫而大打折扣。

表 3-19　小学教师的职业自豪感　　　　　　　　　单位：%

题目	非常自豪	比较自豪	一般	不怎么自豪	不自豪	合计
职业自豪感	6.5	34.5	49.9	3.9	5.2	100

3. 绝大多数小学教师"守土重迁"，对所在学校保持了较高的忠诚度

表3-20和表3-21说明绝大多数小学教师是"守土重迁"的，不愿意进行校际流动，对所在学校保持了较高的忠诚度。如果流动，则小学教师主要看收入水平与职称晋升方面是否有吸引力。"居有常，业无变"的中国从业传统在小学教师身上得到了较完整的体现与继承。

表 3-20　对目前所在学校的忠诚度　　　　　　　　　单位：%

题目	是	否	其他	合计
未来5～10年是否愿意仍在目前所在学校工作	89.7	10.2	0.1	100

表 3-21　校际流动的诱因　　　　　　　　　单位：%

题目	没有转走的想法	得比较收入水平	得看职称晋升	得看职务升迁	立刻转入其他学校	合计
如果有机会流动至其他学校，您的想法	64.6	16.3	12.2	3.5	3.4	100

4. 收入不高是小学教师转行的最大原因

虽然教师不愿意进行校际流动，但是提到转行时则情况大为不同。收

入不高是小学教师转行的最重要原因（表 3-22），该题结果与表 3-18 中的生活压力来源完全一致。

表 3-22　职业忠诚度调查　　　　　　　单位：%

题目	能升职称	能升职务	收入提高	离家近	其他	合计
您在何种情况下会转行	4.7	3.1	70.5	9.4	12.3	100

五、小学教师物质需求影响因素的回归分析

回归分析显示（表 3-23），小学教师的物质需求＝年龄×（-0.327）+职业胜任×0.246+职场关系×（-0.133）+官方培训×0.124+同级竞争×0.190+2.419，能够预测小学教师物质需求水平的主要方面有五个，分别是年龄、职业胜任、职场关系、官方培训和同级竞争，即这五个方面都会对小学教师的物质需求水平产生影响。其特征是：小学教师的物质需求与其年龄、职场关系呈负相关，即小学教师的年龄越大，其物质需求就越低；职场关系越复杂、越不融洽，其物质需求就越高。小学教师的物质需求与其职业胜任、官方培训、同级竞争呈正相关，即小学教师越胜任其职业、越认同官方培训、同级竞争越低，则其物质需求就越低。

表 3-23　对小学教师物质需求影响因素的回归分析

因素	非标准化系数 B	标准误	标准回归系数 β	t	p
年龄	-0.026	0.011	-0.327	-2.388	0.017
职业胜任	0.333	0.065	0.246	5.119	0.000
职场关系	-0.168	0.058	-0.133	-2.899	0.004
官方培训	0.137	0.052	0.124	2.620	0.009
同级竞争	0.216	0.053	0.190	4.072	0.000

第三节　小学教师不愿意流出重点学校？

与一般学校相比，重点学校的魅力到底在哪里？为什么在绩效工资普

遍实行的情况下,师范生还是要挤进重点学校?为什么重点学校教师甚至愿意放弃到一般学校"当官"的机会,也不愿意流出重点学校?本书将用数据而不是经验或感受来回答这个问题,这对于厘清事实、科学决策、切实增强一般学校和薄弱学校的吸引力、从根本上促成义务教育均衡发展,具有方法论意义。

小学教师为什么不愿意流出重点学校?经验的解释是重点学校资源优厚。笔者认为不尽如此,并提出一个研究假设:重点学校的最大吸引力在于其制度优势,即具有"良序"(well-ordered)的教师发展制度,这是教师不愿意流出重点学校的重要原因之一。"良序社会"是美国社会学家约翰·罗尔斯提出的理论,"一个社会,当它不仅被设计得旨在推进它的社会成员的利益,而且也有效地受着一种公开的正义观管理时,它就是组织良好的社会。亦即:它是一个这样的社会:①每个人都接受、也知道别人接受同样的正义原则;②基本的社会制度普遍地满足、也普遍为人所知地满足这些原则"[①]。一个"良序"的小学教师发展制度,既有合理的分配机制(能保证基本权利与义务在教师中间是平等分享的),又有合理的补偿和再分配机制(能按照"最少受惠者的最大利益原则"进行差别对待)。这是一种深刻的平等,能增进人与人之间的合作,并提升组织的整体工作效率。

一、重点学校教师之间的竞争缓和、有序

由图 3-2 可见:①在重点学校从教的职称最高和职称最低的教师,在同级竞争维度上的得分显著低于在一般学校从教的任何职称的教师。②重点学校具有中间职称一级和二级的教师在同级竞争上的得分稍高于一般学校的教师。在重点学校从教的不同职称的教师,其在同级竞争维度上的得分也是有差异的,中间职称的教师得分较高,竞争激烈;而职称最高和职称最低的教师得分较低,且职称最低的教师的同级竞争得分显著低于职称最高的教师。③一般学校不同职称的教师同级竞争的得分接近,并未表现出显著差异,仅是中间职称教师的得分稍高于其他职称级别的教师。④在重点学校,中间职称教师的同级竞争最激烈;而在一般学校,无论什么职称级别教师的同级竞争均十分激烈。

[①] [美]约翰·罗尔斯.正义论[M].何怀宏,何包钢,廖申白译.北京:中国社会科学出版社,2009:5.

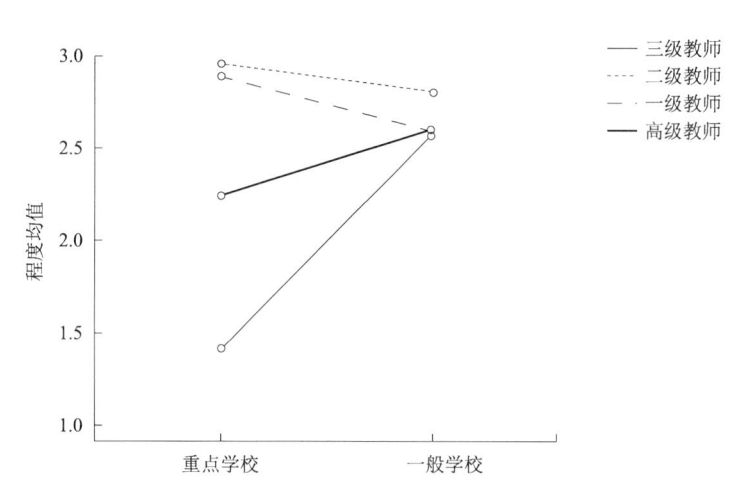

图 3-2 不同学校的各级职称教师在同级竞争维度得分的多重效应图示

二、重点学校的同级竞争集中于中层领导之间而不是普通教师之间

由图 3-3 可见：①在重点学校，中层领导的同级竞争比普通教师的同级竞争激烈；②在一般学校，普通教师的同级竞争却比中层领导的同级竞争要激烈。

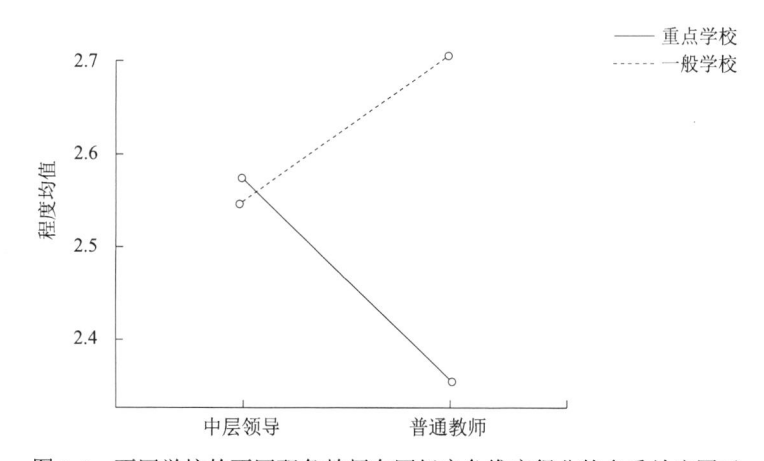

图 3-3 不同学校的不同职务教师在同级竞争维度得分的多重效应图示

三、重点学校教师的物质需求较低

由图3-4可见：①在一般学校，无论是中层领导还是普通教师，其物质需求都比重点学校的教师高，这从一个侧面说明总体上重点学校教师的物质条件比一般学校教师要好；②无论是重点学校还是一般学校，普通教师的物质需求都比中层领导的物质需求要高。

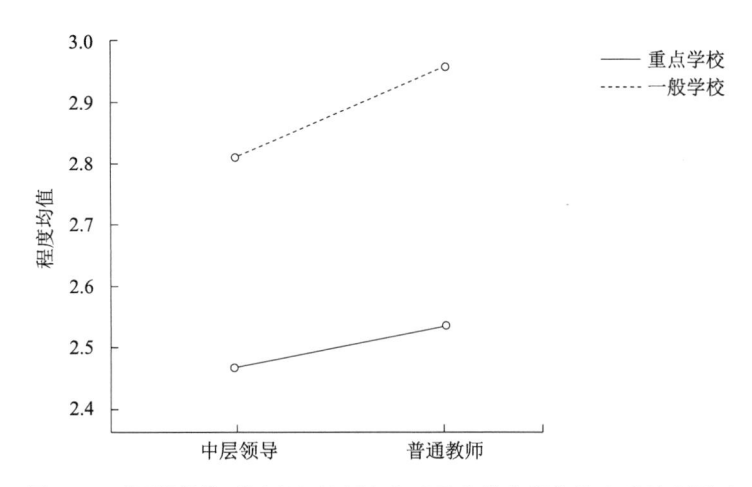

图3-4 不同学校的不同职务教师在物质需求维度得分的多重效应图示

四、在任何学校，高级职称教师的物质需求总体偏低

由图3-5可见：①从职称的角度看，也同样显示出重点学校教师物质条件比一般学校教师物质条件要好；②无论是重点学校还是一般学校，高级教师的物质需求明显低于其他职称级别的教师。

五、重点学校普通教师的职业胜任感好于中层领导

由图3-6可见：①在重点学校，普通教师的职业胜任感明显好于中层领导，且落差很大，说明重点学校的中层领导的压力很大，普通教师则相对轻松与自信；②在一般学校，中层领导与普通教师的职业胜任感几乎持平，中层领导略好于普通教师。

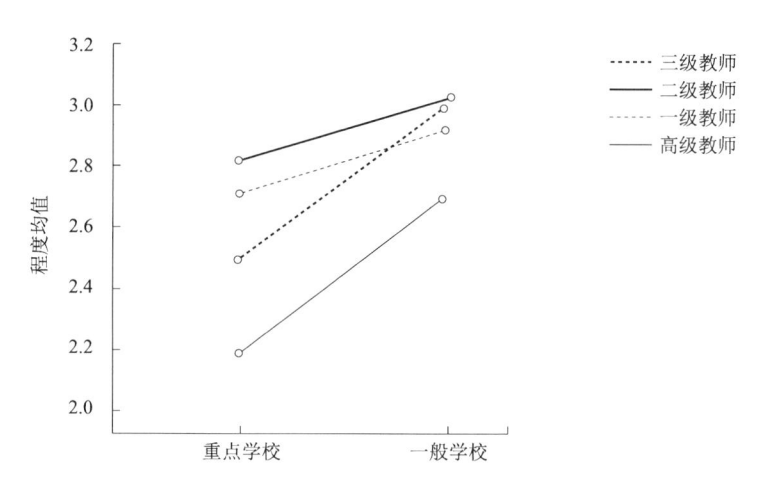

图 3-5 不同级别学校的不同职称教师在物质需求维度得分的多重效应图示

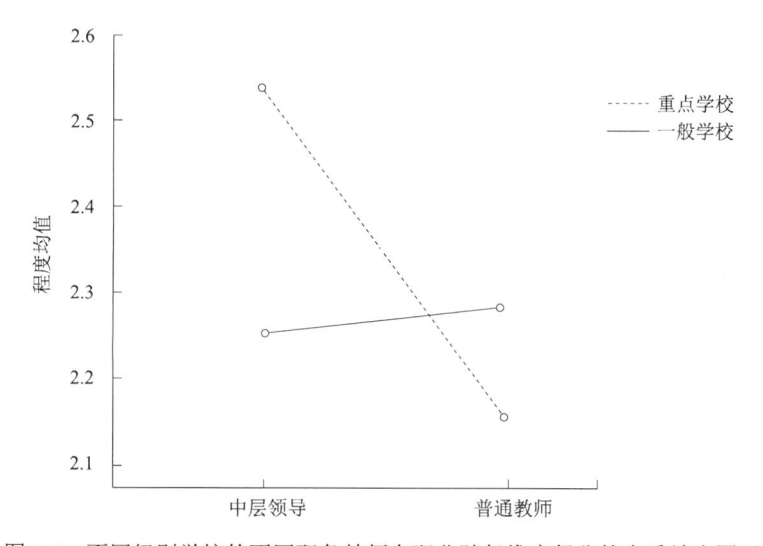

图 3-6 不同级别学校的不同职务教师在职业胜任维度得分的多重效应图示

六、重点学校新进教师①对自己的职业胜任能力最有信心

由图 3-7 可见：①重点学校中，新进教师的职业胜任感最好；高级教师、一级教师、二级教师三者的职业胜任感十分接近，一级教师的职业胜任

---

① 从当前小学教师职称晋升的规则来看，新进教师一般直接定为三级教师，故下文中新进教师均特指三级教师。

感最差；②一般学校中，各个职称教师的职业胜任感都很接近。

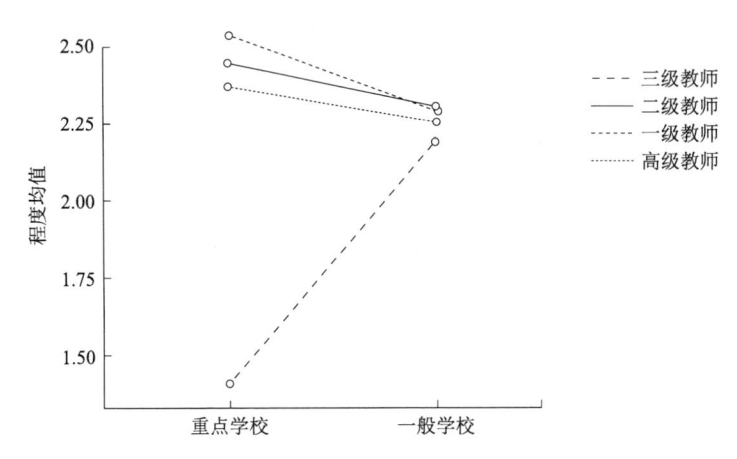

图 3-7 不同级别学校中的不同职称教师在职业胜任维度得分的多重效应图示

七、重点学校所有教师感到的职场关系都较融洽

由图 3-8 可见：①在职场关系维度，重点学校的教师（无论是中层领导还是普通教师）都比一般学校的教师感到更加融洽；②无论是重点学校还是一般学校，中层领导都比普通教师更擅长处理职场中的人际关系。

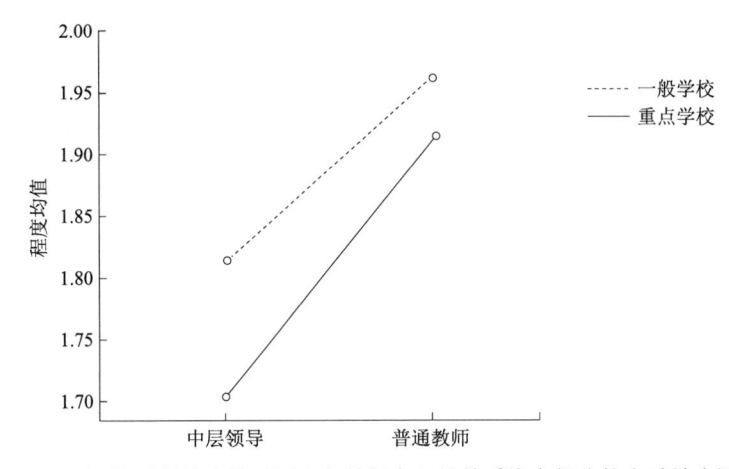

图 3-8 不同性质学校中的不同职务教师在职场关系维度得分的多重效应图示

八、重点学校新进教师感到的职场关系最为融洽

由图 3-9 可见：①在重点学校，新进教师对职场关系融洽度的感知最好，而高级教师感受到的职场关系最紧张，可以想见，高级职称的小学教师因为已经接近行业之巅，很可能会产生"众矢之的"的被包围感；②在一般学校，各个职称的教师对职场关系融洽度的感知都很接近，职场关系比较紧张。

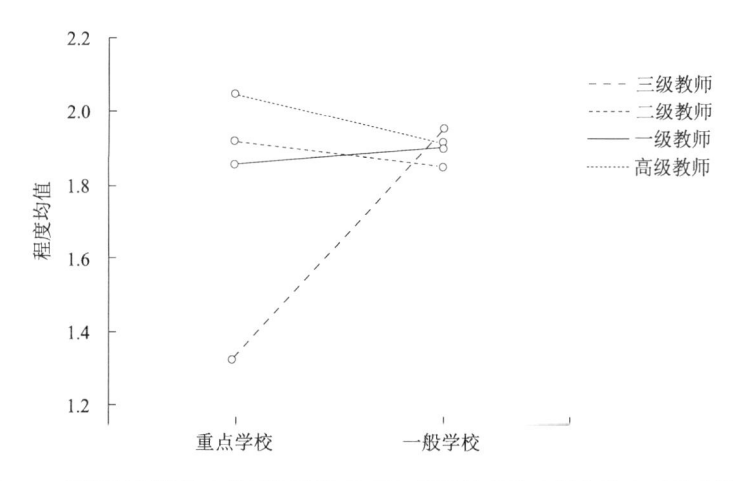

图 3-9 不同级别学校中的不同职称教师在职场关系维度得分的多重效应图示

九、重点学校的教师对官方培训的认同度显著高于一般学校的教师

由图 3-10 可见：①重点学校的所有教师，无论是中层领导还是普通教师，其对官方培训的认同度都显著高于一般学校的所有教师；②在重点学校，普通教师对官方培训的认同度高于中层领导，而在一般学校，中层领导对官方培训的认同度高于普通教师。即在重点学校，最注重专业发展的是普通教师；而在一般学校，最注重专业发展的是中层领导。

十、重点学校新进教师最重视官方培训

由图 3-11 可见：①在官方培训上，重点学校教师比一般学校教师更认

同专业培训；②重点学校的新进教师对官方培训最重视、最认可，相形之下，一般学校的新进教师对官方培训最不重视、最不认可。这说明重点学校的新进教师十分清楚官方培训对自己未来职业前景的重大意义，而一般学校的新进教师则缺乏这一意识。

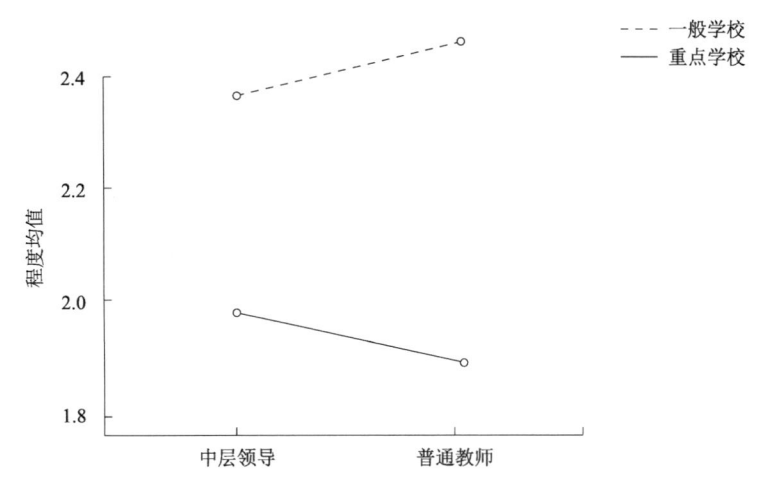

图 3-10　不同级别学校中不同职务教师在官方培训维度得分的多重效应图示

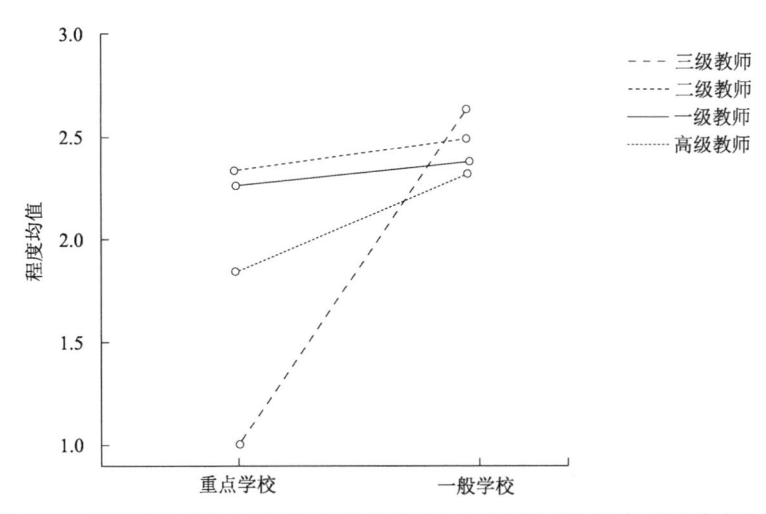

图 3-11　不同性质学校中的不同职称教师在官方培训维度得分的多重效应图示

十一、重点学校具有一种"良序"的教师发展制度

以上数据说明本书的研究假设成立，即相较于一般学校，重点学校具

有一种"良序"的教师发展制度。重点学校中教师之间的同级竞争相对缓和，职场关系相对融洽，并且具有阶段性和秩序性，同级竞争的良好结构已经形成，且对官方培训的认同度显著高于一般学校教师。而在一般学校中，不同职称、不同职务的教师在同级竞争、职业胜任、师生关系维度呈现出明显的"同质化"现象，他们感受到的同级竞争均十分激烈，对官方培训的认同度较低，具体如下。

（1）重点学校教师的物质需求显著低于一般学校教师，对官方培训的认同与需求则显著高于一般学校教师。数据显示，重点学校教师的确具有资源获得上的优势，而且这种优势具有"马太效应"，即强者愈强，弱者愈弱，久而久之，重点学校与一般学校教师所享受到的机会与资源差距将不断拉大。重点学校教师教授的是优质生源，接触的是优质家长，他们最需要战胜的是自己而不是同事，只要自己在专业上努力，就可以获得想要得到的机会，因此，他们对官方组织的专业培训非常重视与认同，进步最快，收益也最大、最直接。

（2）在重点学校，新进教师感受到的同级竞争最缓和，职场关系最融洽，在宽松的环境中，他们专注于专业发展，对官方培训最重视、最认可，师生关系也最融洽。在重点学校，虽然新进教师的职称和职务最低，但他们所感受到的同级竞争非常缓和，没有太大的压力，职场关系最融洽。在这样一种宽松的环境中，其自然就能将关注点和重心放在教学和科研之上，这是重点学校中新进教师在专业上精进的外在保障和内在动力，他们由此进入良性正向的专业发展通道。

在一般学校，任何职称教师的同级竞争均十分激烈。新进教师初入职场，立刻就能感到一股扑面而来的竞争感，这种同级竞争和职场关系的压迫感弥漫于全体教师之中，并不因他们是新手而有所缓和。因而，他们一入职就要考虑如何在同级竞争中取胜，并开始谋划上升渠道，因此，这也分散了他们对自身教学和专业发展的精力与专注力。数据显示，一般学校职称最低的新进教师对官方培训最不重视、最不认可，他们没有意识到或没有机会体验到官方培训对自身发展的益处。"社会制度就使得某些起点比另一些起点更为有利。这类不平等是一种特别深刻的不平等。它们不仅涉及面广，而且影响到人们在生活中的最初机会。"[①]借用当下流行的一句话，就是他们

---

① [美]约翰·罗尔斯.正义论[M].何怀宏,何包钢,廖申白译.北京：中国社会科学出版社，2009：6.

"没有赢在起跑线上"。

（3）在重点学校，中间职称的教师同级竞争最为激烈，职场关系趋于紧张，从而能最大化地激发教师个体的潜能，带来学校整体师资水平的提升。在重点学校，随着入职时间的增长，由个人天赋与努力所造成的专业发展差距日益显现，职称晋升的压力越来越大，导致同级之间的竞争愈加激烈，职场关系也趋于紧张。对于教师个人来说，这种强烈的竞争感是紧张的、压迫的、严酷的，但对于群体而言，却是有益的。因为竞争可以激发个体发挥潜能，将个人努力最大化，积极寻求发展，最终带来的是学校整体师资专业水平的提升。

在一般学校，不同职称教师之间的同级竞争无明显差异，都始终保持在一个较为激烈的水平上，但与此同时，却没有看到教师对官方培训的重视。可能的原因是一般学校占有的资源非常有限，教师上升的途径较少，机会有限，这导致他们的同级竞争一直非常激烈，但这种竞争却不在专业发展上。

（4）在重点学校，普通教师比中层领导更关注自身的专业发展，职业胜任感也更好。在重点学校，普通教师最关注专业发展，职业胜任感也好于中层领导。普通教师的天职就是教书育人，其专业上的精进是学校教学质量得以保障与提高的关键所在。重点学校中的普通教师能将时间、精力和关注点始终放在专业发展上，并且能切实体验到专业自信，这是"君子固本"的体现，是学校之福、学生之福，也从另一个方面促进了重点学校中层领导的管理工作走向专业化。

在一般学校，中层领导将自己的时间、精力和兴奋点放在专业发展上，难免会顾此失彼，甚至"与民争利"，从而出现"教也教不好、管也管不好"的无序现象。

第四节　小学教师终身发展的关键期

终身发展是《小学教师专业标准（试行）》中提出的全新指标。作为成人学习者的小学教师，存在着其终身发展的"关键期"，可以用数据准确定位并进行特征描述。本书问卷从终身发展的角度，将小学教师的教龄做出划分，即 0～10 年、11～20 年、21～30 年、31～40 年。

一、21～30 年教龄教师的同级竞争感最强

同级竞争因素主要指小学教师在职称晋升或职务竞聘过程中，与同级教师竞争时感受到的公平性与自我效能感。同级竞争这一因素主要围绕职称和职务两个小学教师发展阶段的重要指标而展开。教师是否相信自己能在公平竞争的环境中通过自己的努力获得事业上的成功，是小学教师终身发展最关键的影响因素。它属于典型的"我与人"的范畴，人与人之间的相互比较成为一股强大的力量，牵引着教师个体发展。从图 3-12 可知，0～10 年和 11～20 年教龄的教师感到的同级竞争中等；21～30 年教龄的教师感到的同级竞争最强，而后陡然下降；31～40 年教龄的教师感到的同级竞争最弱。

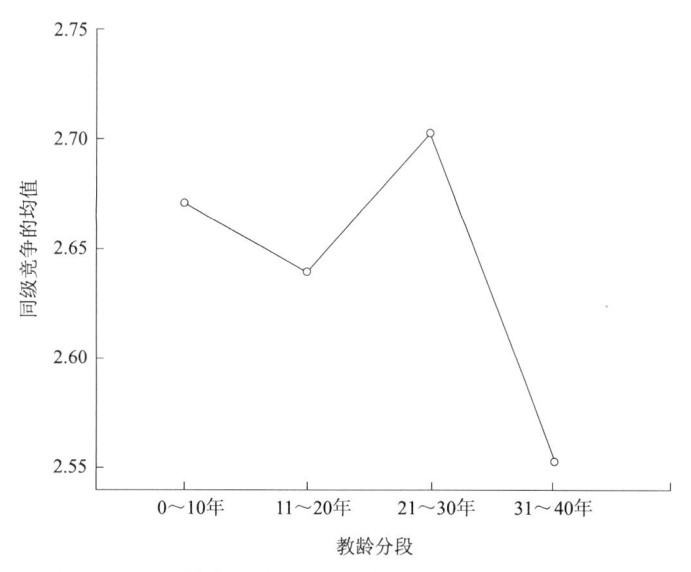

图 3-12 不同教龄段教师在同级竞争维度上的得分效应图示

二、0～10年教龄教师对物质的需求最强

物质需求因素主要是指教师对住房、收入、生活及职业稳定性的满意度。物质需求在马斯洛的需要层次理论中处于最基础的位置，这一因素对于小学教师至关重要，其关乎教师的职业忠诚度。从图3-13可知，0～10年教龄的教师对物质的需求最为强烈，此后下降；21～30年教龄的教师对物质的需求最低；31～40年教龄的教师对物质的需求又有些许上升。

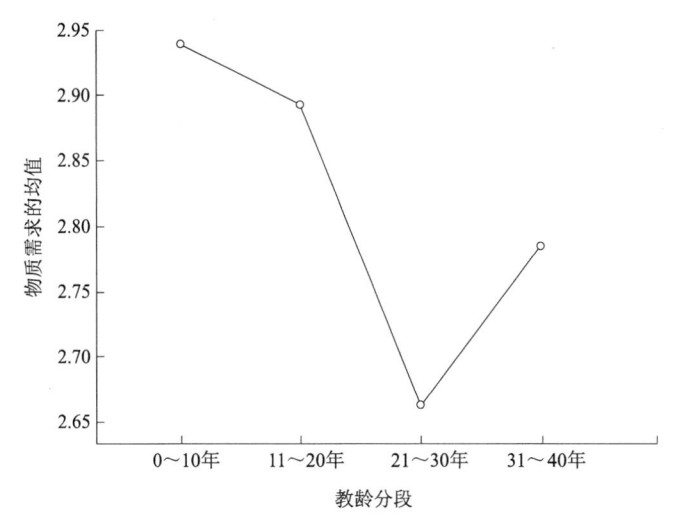

图3-13 不同教龄段教师在物质需求维度上的得分效应图示

三、0～10年教龄教师的职业胜任感最好

职业胜任是指小学教师个体对所在学校的自豪感、关注度、融入感以及对自己岗位职责的适应感和胜任感。职业胜任维度是反向计分。由图3-14可知，0～10年教龄教师的职业胜任感最好，此后急剧下降；21～30年教龄教师的职业胜任感最差，此后虽有回升，但远未达到入职时的鼎盛状态。

四、0～10年教龄教师的职场关系最融洽

职场关系是指在校内教师与同事之间、教师与领导之间交往的频度与顺畅度。职场关系维度是反向计分。职场关系与同级竞争一样，都属于"人

与人"的范畴，不同的是，职场关系更加日常与显性。图 3-15 显示，0～10 年教龄教师的职场关系最为融洽，此后陡然下降；21～30 年教龄教师的职场关系最紧张，此后职场关系有所缓和。

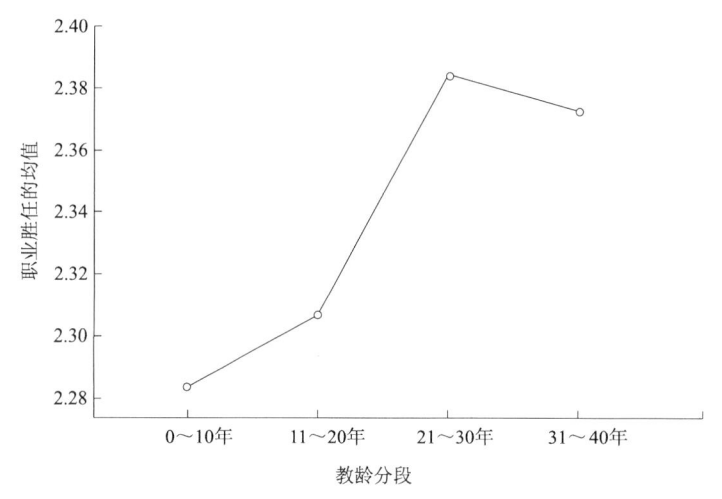

图 3-14　不同教龄段教师在职业胜任维度上的得分效应图示

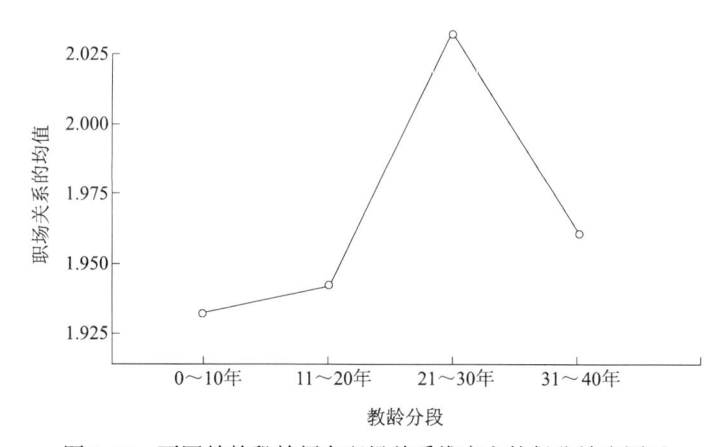

图 3-15　不同教龄段教师在职场关系维度上的得分效应图示

五、0～10 年教龄教师的官方培训效果最差

官方培训是指小学教师感受到的所在学校和所在区域安排教师培训项目对自己专业发展的效用。官方培训维度是反向计分。由官方培训引导的教师发展在体制框架内进行，具有体制性、计划性和统一性的特点。由

图 3-16 可知，0～10 年教龄教师感受到的官方培训效果最差，此后感受到官方培训效果越来越好；21～30 年教龄和 31～40 年教龄教师感受到的官方培训效果较好。

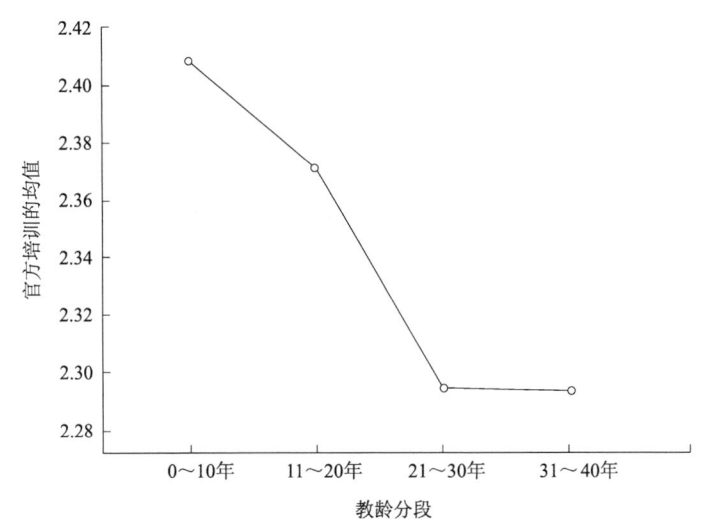

图 3-16　不同教龄段教师在官方培训维度上的得分效应图示

六、11～20 年教龄教师的师生关系最融洽

师生关系是教育过程中最基本、最重要的人际关系，"亲其师，信其道"，良好的师生关系在小学教育中的作用极其重要，这是小学教育区别于其他层次教育的本质所在。师生关系维度是反向计分。由图 3-17 可知，0～10 年教龄教师的师生关系处于中等水平，此后师生关系越来越好；11～20 年教龄教师的师生关系最为融洽，此后师生关系急剧降温；21～30 年教龄教师的师生关系跌入低谷，此后师生关系又迅速恢复良好。

七、小学教师终身发展呈现出两个关键期

数据显示，小学教师发展有时是"渐入佳境"，有时是"越来越糟"，有时是"有起有落"，在起落之间，小学教师终身发展呈现出两个关键期："新人新气象"阶段和"人到中年"阶段。

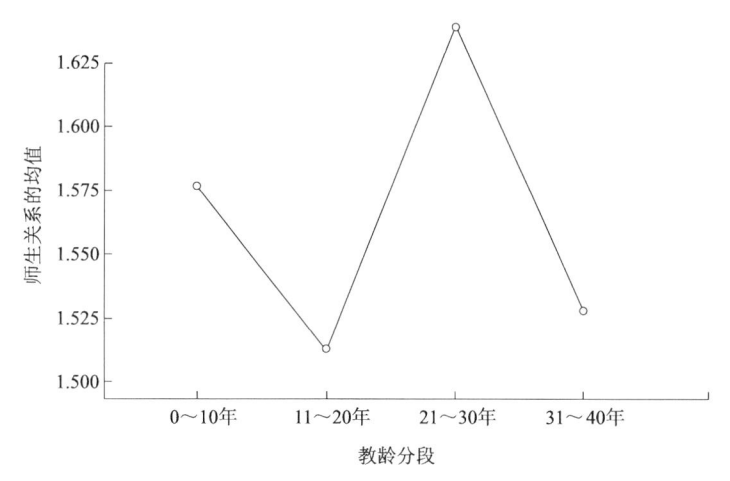

图 3-17 不同教龄段教师在师生关系维度上的得分效应图示

1. 0～10 年教龄:"新人新气象"阶段

0～10 年教龄的教师处于终身发展的"关键期",可称为"新人新气象"阶段。其典型特点是:对物质的需求最高、职业胜任感最好、职场关系最为融洽,但感受到的官方培训效果最差。由此对他们的素描是:爱岗、敬业、合群、不喜欢官方培训。

2. 21～30 年教龄:"人到中年"阶段

21～30 年教龄的教师也处于终身发展的"关键期",可称为忙碌、艰难的"人到中年"阶段。其典型特点是:同级竞争感最强、物质需求最低、职业胜任感最差、职场关系最尖锐、师生关系最紧张,但感受到的官方培训效果却最好。由此对他们的素描是:竞争激烈、同事关系和师生关系紧张、职业胜任感跌入最低谷。与此同时,他们对官方培训非常认同,培训效果也达到其职业生涯的最高点。

(1) 随着教龄的增长,小学教师对官方培训的认同与感受到的官方培训效果是"渐入佳境"。官方培训是影响小学教师发展的显性、直接的力量,突出表现为其对小学教师专业知识和专业能力发展的影响,最能体现教师发展中的国家意志。随着教龄的增长,小学教师越来越认同官方培训,感受到的官方培训的效果也越来越好。

(2) 随着教龄的增长,小学教师对职业的胜任感却是"陡然下降"。数据反映出一个吊诡的现象:小学教师在初入职的 10 年内,对自己的职业充满热情、信心十足，但是在接下来的20年内，这样宝贵的热爱之情却急剧降温，"人到中年"时居然降至最低谷，直至退休才有所缓和。与此相呼应的是中年教师职场关系的紧张、师生关系的恶化。特别令人担忧的是，没有亲密的同事合作、没有融洽的师生关系、没有良好的职业胜任感，真实、有效的小学教育立于何处？

本章小结

从统计数据可以看出，本问卷所测的小学教师发展各个方面之间能够前后呼应，保持了较高的一致性。本次研究用统计方法找到了小学教师发展的六个影响因素，并从数量上确立了影响小学教师发展各种因素之间的相互关系，研究假设全部成立。

（1）现阶段小学教师发展的需求仍处于外部驱动阶段，与成人教育意义上的自我驱动发展尚存差距。居于小学教师生活压力来源前两位的是经济收入和工作压力，而专业发展则几乎居于末位。专业发展需要自治、自主的个体有创造的冲动，而创造需要闲暇，这对于现阶段的大多数小学教师来说难度颇大。居于小学教师工作压力来源前两位的是教学任务重和职称竞争激烈，居于小学教师未来五年的发展目标前两位的是提升教学水平和晋升职称，可见压力即动力。

（2）影响小学教师发展的因素有六个，分别是同级竞争、物质需求、职业胜任、职场关系、官方培训、师生关系。其中，同级竞争、职场关系和师生关系涉及"我与人"的范畴；物质需求涉及"我与物"的范畴；职业胜任和官方培训的性质将在第四章进行分析。

（3）从终身发展的角度看，小学教师发展存在两个关键期：一是"新人新气象"阶段，即0～10年教龄阶段；二是"人到中年"阶段，即21～30年教龄阶段。经分析，本次研究得出，教师终身发展既不是"渐入佳境"，也不是"越来越糟"，而是"有起有落"。

（4）当前由官方实施的小学教师培训没有完全满足小学教师的需求，

小学教师对小学教师发展项目有自己的学习需求。近一半的小学教师每天在校工作时间超过 10 小时。"在工作时间内学习"是小学教师最认可的学习时间，而他们最讨厌的学习时间是"节假日"。小组团队学习是小学教师认为最有效的专业发展方式，其次是一对一师徒制、自我学习、专家讲座。

第四章

小学教师发展的六大影响因素分析

从第三章的问卷调查中可以看出，当前小学教师发展的六大影响因素是同级竞争、物质需求、职业胜任、职场关系、官方培训、师生关系。其中，同级竞争的贡献尤为明显。本章旨在对这六大因素逐一进行全面、深入、辩证的分析，并落实于它们对小学教师发展的具体作用上。

第一节　同级竞争因素

同级竞争属于典型的"我与人"的范畴，人与人之间的相互比较成为一股强大的力量，牵引着教师的个体发展。

一、同级竞争与公平性高度相关

数据驱动的归类显示，同级竞争因素是小学教师发展最关键的影响因素。学校场域中职称晋升的公平度与职务竞聘的公平度呈现出高度相关，即在一所学校内，公平的职称晋升环境意味着该校有着同样公平的职务竞聘环境；不公平的职称晋升环境意味着该校有着同样不公平的职务竞聘环境。对普通教师而言，竞聘学校领导职务的机会毕竟是有限的，其最务实、最贴切的发展诉求就是晋升职称。问卷调查和访谈调查显示，同级竞争成为小学教师发展的重要影响因素，符合逻辑与经验。54%的小学教师认为职称晋升是公平的，43%的小学教师认为职务竞聘是公平的，有47%的小学教师在事业发展方面的自我效能感是积极肯定的。

在小学教师的工作压力来源中,居于前三位的分别是教学任务、职称晋升、论文发表。其中,论文发表是职称晋升的条件之一。所以,小学教师的工作压力可视为两个方面——教学与职称。也就是说,在完成繁重的教学任务之余,小学教师将时间和精力都放在晋升职称上,而这两方面都与同级竞争相关。

目前,虽然有"减负""对学生成绩不排名"的要求,但是考试文化仍然是小学教育的主流,教师的教学绩效常常直接简化为学生的成绩。学校同一年级内考试有排名,同一学区内不同学校的同学科考试也有排名,排名就意味着教师之间的一较高下,关乎教师的"面子"。这些排名直接与对教师的考核和评价相关联、与教师的职业声望相关联、与家长对教师的评价相关联,并伴随着物质奖惩。

小学教师尊严与地位最重要的表征就是职称。从数据可以看出,高职称确能带来高收益(高收入、高职务、高荣誉),即坊间所说的"得职称者得天下""赢者通吃"现象。

证据一:教师的职称与教师的物质需求感有着极其显著的负相关($r=-0.164$,$p < 0.001$),表明职称越高的教师对物质的需求越低,而职称越低的教师则对物质的需求越高。

证据二:教师的职称与职务有着极其显著的正相关($r=0.230$,$p < 0.001$),表明职称越高的教师职务也越高,而职称越低的教师职务也相对较低。

证据三:教师的职称与教师的荣誉级别有着极其显著的正相关($r=0.239$,$p < 0.001$),表明职称越高的教师所获得的荣誉级别越高,而职称越低的教师所获得的荣誉级别也相对越低。

由于晋升职称能带来高收入、高职务、高荣誉,即名利双收,这使得小学教师特别看重职称晋升,由此对职称晋升的公平性也尤其关注。

根据该因素内各项目的关联性分析,还可以看出以下特征:校内人际关系简单与教师的自我效能感呈现出高关联度,即校内人际关系越简单,教师就越能感觉到"我可以在所在学校通过自己的努力获得事业上的良好发展",就越愿意通过自己的努力向上晋升;同时,教师的自我效能感越强,其校内的人际关系就越简单。

二、从不同属性看同级竞争因素的特点

从不同的学校级别、年龄、荣誉级别、职称级别和性别方面看，同级竞争因素具有不同的特点。

（一）从学校级别看，重点学校教师之间的同级竞争与一般学校教师存在差异

重点学校普通教师感知的同级竞争程度均分为2.34，一般学校普通教师感知的同级竞争程度均分为2.72，这意味着一般学校普通教师自身感知的同级竞争程度显著高于重点学校普通教师。重点学校教师的同级竞争相对缓和，并且具有合理的阶段性和秩序性，新进教师竞争压力最小，但是同级竞争的压力会随着他们职称的晋升而逐渐增加，当达到中间职称时，他们感受到的同级竞争最强；当达到最高职称时，他们感受到的同级竞争又变弱。在一般学校中，不同职称教师所感受到的同级竞争都很激烈，未表现出显著差异。由此可见，进入重点学校的新教师，其关注点是如何适应教学；而进入一般学校的新教师，其并不十分关注自己的教学适应情况，而是更关注如何在同级竞争中取胜。

另一个发现是，重点学校的同级竞争主要集中于中层领导，一般学校的同级竞争主要集中于普通教师。对不同学校类型和教师性质的方差分析结果显示，重点学校的中层领导与一般学校的中层领导在自身感知的同级竞争程度上的差异不显著。不过，两类学校普通教师所感知到的同级竞争程度有显著差异。重点学校中的中层领导的同级竞争感比普通教师的同级竞争感要强。有趣的是，一般学校中的普通教师的同级竞争感却比中层领导的同级竞争感要强。

（二）从年龄看，41～50岁小学教师的同级竞争感最强

41～50岁的小学教师已到中年，一般已经获得中级职称，处于正在冲刺高级职称的关键阶段。他们在工作上挑起大梁，独当一面，在生活中承担着更加繁重的家庭责任。这一阶段既是他们事业与人生的成熟期，也是"多

事之秋",他们渴望成功、期待收获。因此,处于这一阶段的小学教师的同级竞争感最强。

(三)从荣誉级别看,区级荣誉获得者的同级竞争感最强

笔者将小学教师所获得荣誉分为无、校级、区级、市级四个层面,区级荣誉获得者的同级竞争感显著高于其他级别的荣誉获得者。这说明区级竞争是一个关键点,如能成功,则是其职业生涯的一次飞跃,故而区级荣誉获得者的同级竞争感最强。

(四)从职称级别看,同级竞争随着职称等级的升高而越加激烈

教师的职称与教师的同级竞争感有着极其显著的正相关($r=0.123$,$p<0.001$),表明职称越高的教师所感到的同级竞争也越激烈,而职称越低的教师所感到的同级竞争相对缓和。这是因为职称等级制度是"金字塔"式的,等级越高,比例越小,竞争也最激烈,也就是说,竞争随着职称等级的升高而越加激烈。

(五)从性别看,在同级竞争感方面男女有别

在小学教师职业生涯开始的 10 年内,男性的同级竞争比女性激烈。随着时间的推移,男女教师的同级竞争感都下降。到达 11～20 年这一教龄段,男女教师的同级竞争感相近,之后,男女教师的同级竞争感分道扬镳,男性教师的同级竞争感越来越强,而女性教师的同级竞争感越来越弱。

三、同级竞争因素对小学教师发展的作用

教师的同级竞争主要指职称上的竞争,职称的本质是一种外在的、物化的职业声望,体现出体制框架内对教师个体的综合性、专业性的价值评价,也代表了教师所受到的社会尊重程度。

《中华人民共和国教师法》规定:"国家实行教师资格制度……取得小学教师资格,应当具备中等师范学校毕业及其以上学历……各级师范学校毕

业生，应当按照国家有关规定从事教育教学工作……国家实行教师职务制度……学校和其他教育机构应当逐步实行教师聘任制。"①《中华人民共和国教育法》规定："国家实行教师资格、职务、聘任制度，通过考核、奖励、培养和培训，提高教师素质，加强教师队伍建设。"②我国对于小学教师实施的是评选、聘用、分配、奖励相结合的制度，因此职称成为体现一个小学教师身份、地位、荣誉、收入的综合象征，这一职称等级制度是"金字塔"式的，等级越高，比例越小，竞争也越激烈。

职称制与儒家传统有着某种渊源。马克斯·韦伯在比较儒教、印度教、佛教、基督教、伊斯兰教和犹太教的差异时指出："儒教是受过传统经典教育的世俗理性主义的食俸禄阶层的等级伦理……这个阶层的宗教的（您要愿意，也可以说是非宗教的）等级伦理的影响，远远超出了这个阶层本身，它规定了中国人的生活方式。"③

小学教师采用职称制这一发展制度，其本质是：鼓励勤者争先，效率第一；树立贤德榜样，鼓励其他教师见贤思齐。虽然职称制以及特级教师等制度在执行的过程中出现了不少问题，但是其发挥出的整体性的积极作用是毋庸置疑的。职称制使得小学教师的专业地位得到保证，例如，在2015年的全国中小学教师职称制度改革中，在中小学设置正高级教师职务（职称）④，小学教师也能评教授职称，专业地位更加稳固并且得到提升。职称制给小学教师发展指明了具体的方向与路径，能够鞭策教师不断更新知识、开阔眼界，能够在较短的时间内培训出尽可能多的合格师资，以服务于更多的学生。

但问题是，同级竞争因素将教师发展完全置于外部力量和外在激励的驱动之下，教师的自治、自主与创新的机会在很大程度上受到压制，自我主动发展的冲动被淹没在自上而下的指令之中，淹没于与同伴的竞争之中。职称只是手段，其目的是激发教师的自主性，让其自主发展，更好地从事教育教学工作，而不是与同伴一争高下。而现状是，手段成了目的，本末倒置。

---

① 中华人民共和国中央人民政府. 中华人民共和国教师法 [EB/OL]. （1993-10-31）[2015-07-05]. http://www.gov.cn/banshi/2005-05/25/content_937.htm.

② 中华人民共和国教育部. 中华人民共和国教育法 [EB/OL]. （2015-12-27）[2016-01-05]. http://www.moe.edu.cn/jyb_xwfb/moe_1946/fj_2015/201512/t20151228_226186.html.

③ [德] 马克斯·韦伯. 儒教与道教 [M]. 王容芬译. 北京：商务印书馆，1996：6.

④ 中华人民共和国人力资源和社会保障部，中华人民共和国教育部. 人力资源社会保障部 教育部关于印发《关于深化中小学教师职称制度改革的指导意见》的通知 [EB/OL]. （2015-08-28）[2015-12-05]. http://www.moe.edu.cn/jyb_xxgk/moe_1777/moe_1779/201509/t20150902_205165.html.

最典型的体现是职称越高的教师,同级竞争感越强。如何改革职称制、用好职称制,是推进基础教育优质均衡发展的关键。

第二节　物质需求因素

物质需求在马斯洛的需要层次中处于最基础的位置,从调查中可以看出,这一因素在小学教师发展中起到重要作用,关乎教师对本职业的忠诚度。

一、物质需求与收入高度相关

数据驱动的归类显示,物质需求因素主要是指教师对住房、收入、生活及职业稳定性的满意度。第三章的数据显示,只有4%的小学教师对自己的生活状态持否定评价,56.6%的小学教师认为生活状态一般,36.3%的小学教师认为生活状态比较好,3.1%的教师认为生活状态非常好;在对自己的工资津贴进行评价时,将近53.8%的教师持一般态度;小学教师中只有3.1%的人享受到学校的福利分房与租房,其他人都是自购商品房和自己租房;大多数小学教师对自己的住房条件的态度是正向(57.6%)和一般(31.2%);不足5%的小学教师认为打破教师"铁饭碗"完全有必要,近30%的小学教师认为有一定必要,而51.1%的小学教师认为此举没有必要,这说明"铁饭碗"是教师选择公立学校或者公立学校留住教师的重要原因。

根据该项目内对各因素的关联性分析,教师对收入的满意度与对生活的满意度高度相关,教师在自己的物质生活中最看重的是收入。这种情形与中国当前的社会特征是一致的,在计划经济向市场经济的转型中,个人需要自购住房,住房成为中国人的第一消费品,也是重要的压力来源。本次调查的对象是江苏省公立小学教师,他们收入稳定,但是经济收入仍然被小学教师列为生活中面临的第一困难。

与此相呼应的是小学教师的"职业忠诚度"。在回答"在何种情况下会转行"这一问题时,70.5%的小学教师表示自己会在收入提高的诱因下离开教师行业。至于教师的校际流动,绝大多数教师则是"守土重迁",不愿意进行校际流动，对目前所在学校保持了较高的忠诚度。其原因是，自绩效工资制度实施以来，不同学校的收入基本相同，换一所学校并不一定会带来收入的提高，教师当然对校际流动不感兴趣；如果流动，则主要看收入水平与职称晋升方面是否有吸引力。"居有常，业无变"的从业传统在我国小学教师身上得到较为完整的体现与继承，同时也从另一方面再次说明，收入是小学教师最为关注的因素。

二、从不同属性看物质需求因素的特点

从不同的学校级别、职务、职称级别、荣誉级别和性别方面看，物质需求因素具有不同的特点。

（一）从学校级别看，一般学校普通教师和中层领导的物质需求水平高于重点学校教师

在物质需求上，一般学校普通教师和中层领导的得分普遍高于重点学校教师，说明其物质需求水平高于重点学校的普通教师和中层领导。换言之，重点学校普通教师和中层领导对物质方面感到更安全、更有信心。

（二）从职务看，无论是一般学校还是重点学校，普通教师的物质需求都比中层领导高

无论在哪种级别的学校，中层领导对物质生活的感知和满意度普遍优于普通教师，这也许是因为中层领导在各方面都已经有了一定的积累。

（三）从职称级别看，小学教师的物质需求随着职称的升高而下降

职称最低的教师，物质需求最高，随着职称的晋升，其物质需求随之下降，职称最高的高级职称教师对物质的需求最低，说明高级职称教师对自己的物质生活现状最满意，同时也说明随着教龄的增长、资历的增长、职称的晋升，小学教师的收入也随之增长，其物质需求相应降低。

（四）从荣誉级别看，区级荣誉获得者的物质需求最高

区级荣誉获得者对物质的需求最高，而市级荣誉获得者对物质的需求最低。

（五）从性别看，在物质需求方面男女有别

在 20～30 岁时，女性教师的物质需求高于男性，在这一年龄阶段内，男女教师的物质需求都呈下降状态，到了 31～40 岁时达到相同水平，此后女性教师的物质需求随年龄的增长而下降，男性教师的物质需求则出现波动，其在 41～50 岁时对物质的需求达到最高，之后下降。

三、物质需求因素对小学教师发展的作用

尊师重教是中华民族的传统美德，但是从数据看，有将近 50% 的小学教师对自己的职业自豪感持中性态度。为什么教师不能明显地体验到被尊重的感觉？这与教师的收入有一定关系。教师对收入的满意度与其对整体生活状态的满意度高度相关。经济收入和工作压力在小学教师中是居于前两位的生活压力来源，而专业发展排名则较靠后。可见，当前小学教师发展具有外源性动机的特征，而由教师自我发动的内源性动机则明显不足。

近年来，公办学校名师离职而转投民办教育机构的新闻常常见诸报端。能够大幅度增加收入是近年来一些公立小学的名师放弃公立学校的"铁饭碗"而转投校外教育培训机构的重要原因之一。"杭州市某主城区教育局人事负责人透露，自从养老保险并轨之后，在职教师辞职率有明显上升。比如，教师流失率一般来说每年都稳定在 0.5% 左右，但是 2015 年数据达到了 1.2%，是往年的两倍。包括名师名校长在内的在职教师流失率，正在上升。"[1]面对公立学校教师流失越来越严重的现象，当地教育局局长和政协委员这样分析其中的原因："个人价值不能实现，更现实的原因就是中青年教师，尤其是中青年男教师，他们要在南京成家买房负担非常重。吸引更多人才留在南京（公办校）很重要的环节就是教师的经济回报，这点是不容回避的问题。"[2]

---

[1] 中国教育报. 一位特级教师的离职为何掀起轩然大波，名师出走为哪般？[EB/OL].（2016-02-01）[2016-07-25].http://www.sohu.com/a/57615135_120074.

[2] 中国网地产. 南京多位名师跳槽民办教育机构 [EB/OL].（2016-01-25）[2016-07-25]. http://house.china.com.cn/apple/fullview_818961.htm.

从积极方面说，小学教师的物质需求因素如果在一个适度的范围内被合理利用，则可以极为有效地激发教师的积极性。但从消极方面说，过多、过度地使用物质需求也会造成两种可能：一是会强化小学教师发展的功利色彩，在市场经济条件下，教师职业的神圣性与理想主义色彩已经大打折扣，所以使用经济杠杆来促进教师发展，一定要与精神激励、制度建设结合起来，否则就不是长远之计；二是公立学校的工资水平无论再怎么提高，也很难与私立学校或教育培训机构相竞争，所以公立学校优质教师流失的现象从中长期来看无法避免。李希贵这样判断："当我们今天还在盘算着以教师流动推动教育均衡发展，试图把优秀骨干教师分流到薄弱学校的时候，可能我们并没有意识到，那也许只是一厢情愿，今后的优秀教师到底流向何方，那要看市场的力量。"①

第三节　职业胜任因素

职业胜任反映的是"人"与"岗"的匹配程度，对于小学教师而言，就是指教师个体与其所在岗位的匹配程度。

一、职业胜任与适应考核和评价机制高度相关

数据驱动的归类显示，职业胜任是反映教师个体对学校岗位职责执行情况的一个主观指标，体现了教师对自己职业能力的评价。

数据分析显示，只有11%的小学教师对目前学校的考核和评价机制感到不适应，而86.6%的小学教师感到比较适应或一般；相似的是，只有5%的小学教师的职业胜任感是负向的；近85%的小学教师表示非常顺利和比较顺利地履行了学校的岗位职责；近50%的小学教师对自己职业发展的评价是非常顺利和比较顺利。

---

① 李希贵. 民办校的繁荣，公办校的危机[EB/OL]. (2016-05-09)[2016-07-15]. http://www.jyb.cn/opinion/jcjy/201605/t20160509_659144.html.

根据该项目内对各因素的关联性分析，教师评价自己的职业胜任度与其对学校考核和评价机制的适应度高度相关。也就是说，教师一旦能够适应并胜任学校的考核和评价机制，就会认为自己的专业发展是顺利的。所以，职业胜任因素的核心是小学教师对学校考核与评价机制的适应。更进一步说，学校考核与评价机制已经成为小学教师日常工作的一根具体可见的"指挥棒"。

二、从不同属性看职业胜任因素的特点

从不同的年龄阶段、学校级别和性别方面看，职业胜任因素呈现出不同的特点。

（一）从年龄看，41～50岁小学教师的职业胜任感最好

41～50岁小学教师的职业胜任感最好，处于这一年龄段的小学教师，正是学校内经验丰富、承担主要工作的骨干教师，他们是学校的栋梁，渴望晋升，因而同级竞争感也最强。51～60岁小学教师的职业胜任感最弱，这一年龄段的小学教师年近退休，向上奋斗的空间与动力较小，职业胜任感最弱，也可以理解。

（二）从学校级别看，重点学校普通教师和中层领导的职业胜任感与一般学校教师存在差异

在重点学校，中层领导的职业胜任感显著弱于普通教师，而且落差很大，说明重点学校的中层领导压力很大；同时，最低职称教师的职业胜任感最好，其他职称教师的职业胜任感都很接近，一级职称教师的职业胜任感最差。在一般学校，各级职称教师的职业胜任感十分接近，都处于较低水平。同时，一般学校的普通教师与中层领导的职业胜任感几乎持平，中层领导略好于普通教师，这一点与同级竞争因素相似。

（三）从性别看，在职业胜任感方面男女有别

在20～30岁，女性教师的职业胜任感略好于男性；随着时间的推移，

男性和女性教师的职业胜任感都是越来越好；到了 31～40 岁，仍是女性略好于男性。值得关注的是，此后，男性教师的职业胜任感越来越好，而女性教师的职业胜任感则一直下降，并在 41～50 岁以后剧烈下降。

三、职业胜任因素对小学教师发展的作用

学校考核与评价机制已经成为小学教师日常工作的"指挥棒"。"指挥棒"用得好，张弛有度，则国家意志得以实现，既能让教师认同，又能让家长满意，从而共同服务于学生成长；"指挥棒"用得不好，则会加剧问题，最终受损的还是学生。职业胜任因素的特点与前两点（同级竞争和物质需求）相似，职称、收入和考核都是外在激励，职称是名，收入是利，评价则带有某种惩罚的意味，其都是从外在因素出发，用外在的手段吸引小学教师进入既定的发展序列。

按照法国社会学家布迪厄的分析，个体的身体所经历的所有社会环境（即场域）及其变化都被记忆于身体内，久而久之，固化为一种身体图式，这种身体图式根深蒂固，自然而然地内化为心理图式，身心结合所建构的身心图式也就成了个体的"惯习"。"所谓'惯习'，就是知觉、评价和行动的分类图式构成的系统，它具有一定的稳定性，又可以置换，它来自于社会制度，又寄居在身体之中（或者说生物性的个体里）。"[①] 绝大多数小学教师表现出很高的职业胜任感，从积极方面说，这一现象表明目前的评价和考核制度具有高效率和高效能，能有效促进小学教师按照体制内的评价与考核要求开展工作。但是，从消极方面看，存在两种潜在的风险：一是会扼杀小学教师发展的多样性，无法产生个性化与原创性的教学改革，一旦外在评价失效，小学教师发展就很可能会陷入停滞状态；二是这种评价思路会延伸到教师对学生的评价与考核之中，在小学教育中，小学教师使用的外在手段要远远多于内在激励，从某种程度上说，是教师正在经历的考核机制使他们对奖励、惩罚等评价与考核工具无比熟悉，即已经成为布迪厄所说的"惯习"，所以他们也就不知不觉、自然而然地将这些工具用到学生身上。

---

① [法] 皮埃尔·布迪厄，[美] 华康德. 实践与反思：反思社会学导引 [M]. 李猛，李康译. 北京：中央编译出版社，1998：171.

第四节　职场关系因素

职场关系与同级竞争一样，都属于"我与人"的范畴，不同的是，职场关系更加日常与显性。职场关系与教师合作、教师专业学习社群、校本教研系统的形成息息相关，是近年来教师发展研究中的一个热点。

一、职场关系与同事交往高度相关

数据驱动的归类显示，职场关系指在校内教师与同事之间、教师与领导之间交往的频度与顺畅度。92.3%的小学教师认为自己与同事的沟通是非常融洽和比较融洽的，65.8%的小学教师认为自己与领导的沟通是非常融洽和比较融洽的；93%的小学教师与同事保持了高频率的交往，这也许与小学教师长时间地在校工作相关——近50%的小学教师在校工作时间等于或超过10小时；超过80%的小学教师认为校内人际关系比较单纯或是一般。

根据该项目内对各因素的关联性分析，教师与同事沟通的质与量的关联度最高。也就是说，教师之间沟通的机会越多，则教师之间的关系就越顺畅；教师之间的关系越顺畅，则教师之间的沟通就越多。

二、从不同属性看职场关系因素的特点

从不同的职务、职称、学校级别、性别方面看，职场关系因素呈现出不同的特点。

（一）在小学教师的社会支持系统中，同事与领导的作用已无足轻重

小学教师最重要的社会支持系统由朋友（52.1%）和亲属（36.5%）构成，同事的作用占5.7%，同学的作用占2.9%，邻居的作用占1.3%，其他的占1.2%，而领导的作用只占0.3%。其社会大背景是"单位制"的解体，个人已解除了原来计划经济中对单位（领导和同事）的人身依附关系，所以单

位已不再是教师的主要社会支持来源，小学教师与同事、领导的交往关系基本仅限于工作范围内。

（二）从职务类别看，中层领导能够比普通教师更恰当地处理职场关系

中层领导在处理职场关系问题上比普通教师更加游刃有余，这是因为中层领导在工作中需要面对不同层次、不同性质的工作对象，承担更多的非教学工作，从而具备灵活的社会交往能力。

（三）从职称级别看，职称最低的教师职场关系最好，职称最高的教师职场关系最差

职称最低的教师进入职场不久，晋升职称的需求还没有那么迫切，从数据上看，他们所感受到的同级竞争最弱，因此职场关系最好；而职称最高的教师在得到高职称的过程中，很可能与同事有过一番激烈的竞争，所以其感知到的职场关系最差。

（四）从学校级别看，重点学校教师的职场关系与一般学校教师存在差异

第一，重点学校的教师（无论是中层领导还是普通教师）都比一般学校的教师感到职场关系更加顺畅；第二，在一般学校中，各类职称的教师对职场关系融洽度的感知接近，都呈现出相似的特征，看不出职称带来的差异。在重点学校中，职称最低的教师的职场关系融洽度最好，而职称最高的教师的职场关系融洽度最差。这一特点与同级竞争、职业胜任完全一致，职称最低的教师职业胜任感最好，职场关系融洽度也最好，呈现出一派勃勃生机、和谐温馨的画面；而职称最高的教师职业胜任感最差，职场关系也最紧张。

（五）从性别看，在职场关系方面男女有别

随着年龄的增长，男性教师的职场关系越来越好，而女性教师的职场

关系呈现出紧张的趋势。

三、职场关系因素对小学教师发展的作用

中华人民共和国成立以来，我国小学广泛建立起同学科或同年级组集体备课的组织制度，为教师提供共同研讨教学的平台。其后，教师合作的形式和内容进一步拓展，形成了包括观课、议课、集体备课、公开课、示范课、评优课等多种形式在内的实践系统，建立起结构化的教师教研体系。直至今天，教师一起观课、评课、观摩和学习有经验教师的教学等做法依然是小学内主流的、日常的教研形式，成为集体主义文化模式中的一个典型实践。新课程改革继承了这一传统，更进一步提出希望能够通过教师合作促使教师实现自主发展的要求。

从本次调查结果看，小学教师的在校时间长，与同事、领导保持着长时间、高频率的日常交往，正是维持和推进教师合作的良好环境基础。如果能够善加利用，将会有助于促进教师合作、教师专业学习社群的形成以及校本教研的发展。

但从数据来看，职场关系牵扯的因素很多，其受到复杂因素交互作用的影响，学校性质、教师性别、同级竞争、物质需求等因素都会对小学教师的职场关系产生影响。特别引人注意的两点是：第一，职称最低的教师职场关系最好，职称最高的教师职场关系最差；第二，重点学校中的教师职场关系比一般学校的教师更加融洽。职场关系与同级竞争产生了交互作用，教师视同事为竞争对手，出于自我保护而对合作活动采取敷衍态度，教师合作仅仅是出于完成任务的考虑，而无实质的热情与动力，实际上，目前某些小学教师发展仍然是个人式的、孤立的自我探索和个人奋斗模式。

此外，有学者经过实证研究指出："受工具理性导引，教师合作多被视为教学技能和学生成绩提升的手段，更关注结果和效能，少有研究关注教师合作过程。教学变革路径往往预先设定路向，其后教师合作在官方预设的主题及确定的模式下进行。"[①]

从回归分析看，教师的同级竞争感越弱，则职场关系越好。因此，如

---

① 乔雪峰，卢乃桂，黎万红. 从教师合作看我国校本教研及其对学习共同体发展的启示 [J]. 教师教育研究，2013, 25（6）：74-78.

果能降低教师之间的竞争水平，就可以增进教师之间的合作。此外，还可以从提高教师收入、提高教师职业胜任感等方面入手促进教师合作。

第五节　官方培训因素

官方培训是影响小学教师发展最直接、最显性的外部因素，也最能体现教师发展中的国家意志，其特征如下。

一、官方培训与教师对培训的认同感高度相关

官方培训是指各级教育行政管理部门为在职小学教师所组织的各类专业提升项目。数据显示，90%的小学教师对官方培训持肯定态度，只有10%的小学教师持负向和中性态度；超过70%的小学教师对官方培训的即时效用和长期效用持肯定态度。

根据该项目内对各因素的关联性分析，小学教师对培训的整体性评价与该培训对教师专业能力提高的作用之间有很大关联性，即教师对培训项目越认同，该项目对教师专业能力的提高就越有帮助；培训项目对教师专业能力的提高越有帮助，教师对培训就越认同。教师对培训项目越不认同，该培训项目对教师专业能力的提高就越无效。

可见，教师培训项目一定要以教师的需求为出发点，只有那些深受教师认同与喜爱的项目才能真正起到促进小学教师发展的作用。

二、从不同属性看官方培训因素的特点

从不同的学校级别、职称级别、性别方面看，官方培训因素具有如下不同的特点。

第四章　小学教师发展的六大影响因素分析

（一）从学校级别看，重点学校普通教师和中层领导对官方培训的认可度及感受到的培训效果优于一般学校教师

在官方培训因素上，重点学校的普通教师和中层领导对官方培训的认可度及感受到的培训效果都要高于一般学校。在重点学校，职称最低的教师对官方培训最重视、最认可；在一般学校，职称最低的教师对官方培训最不重视、最不认可。参与官方培训是进入职称晋升序列的主流途径，也是最快的途径，重点学校中职称最低的教师已经被动或主动地认识到了这一点，自然最重视、最认同官方培训。相较之下，一般学校中职称最低的教师却没有意识到官方培训对自己职业发展的作用。此外，在重点学校，普通教师比中层领导更重视官方培训；在一般学校，中层领导比普通教师更重视官方培训。这说明在重点学校，普通教师更想在专业上精进；在一般学校，中层领导更想在专业上精进。

（二）从职称级别看，职称最低的教师最重视也最认同官方培训

职称最低的教师最重视、最认同官方培训，其次是职称最高的教师，并且职称最低的教师对官方培训的认同度高于职称最高的教师。

（三）从性别看，在感受到的官方培训效果方面存在男女差异

随着教龄的增长，女性教师对官方培训的感受越来越好，而男性教师则出现波动，表现如下：男性教师在入职的前10年内，对官方培训的感受最好，随后下降，在其教龄达到11～20年时，感受到的官方培训效果跌至最差状况，随后好转，并出现反复。

三、官方培训因素对小学教师发展的作用

调查数据显示，小学教师官方培训的主要方式按比例由高到低依次是外出参观与听课（34.2%）、市或区级教研员的听课与评课（25.3%）、特级教师的讲座（19.1%）、参与本校教研活动（17.9%）、高校教授的讲座（3.2%）、

其他（0.3%）。对于小学教师来说，除了参与本校教研活动外，超过80%的方式都是被动接收外来信息，而不是主动表达自己的想法及与同行展开思想的碰撞。

　　官方培训与我国历史上"学在官府"这一特有的现象紧密相关。《礼记·学记》中记载："古之教者，家有塾，党有庠，术有序，国有学。"[①]当时的教师并不是专门的职业，而是由职官兼任，政教合一，官师合一。"西周的学校不仅是教学的场所，也成为多种社会活动的场所。国家的辟雍，也是祭神祀祖、朝会诸侯、军事会议、献俘庆功、大射选士、养老尊贤的活动场所。乡学的庠、序、校既是地方教育活动的场所，也是乡官议政、乡饮酒礼、乡射之礼、养老尊贤的场所。这表明西周的教育机构与行政机关不分，这种'政教合一'，是官府办学条件下的必然结果，当时的教育与政治是紧密联系在一起的。"[②]近代中国，全国城乡师范教育体系是在国家的顶层设计下全面布点，课程内容是自上而下传递的。现代中国的教师发展沿袭历史，依然是在国家本位主义下设计与实施的。大规模集中统一的官方培训的好处在于，它能够运用国家力量有计划、均衡地发展师资。2010年，国家启动"国培计划"，即"中小学教师国家级培训计划"，由中央财政拨款，2所综合大学和7所师范类大学提供师资，集中、大规模地培训中小学教师和中西部农村骨干教师。各省（自治区、直辖市）也效仿开展"地方培训计划"，基层各学校的教师培训也是由当地教育主管部门负责组织实施的。

　　目前，官方培训采用自上而下的模式，由地方教育主管部门根据教育部的要求安排培训主题与程序，并下达至各个学校，学校再将之传递至校内的各年级、各学科教研组。在这种模式中，有些一线教师往往处于被动学习的状态，其专业自主性没有得到足够重视，深层次的自我探索不够，教师的自主性和创造性尚未体现出来。

[①] （元）陈澔注.礼记集说[M].上海：世界书局，1936：199.
[②] 孙培青.中国教育史[M].上海：华东师范大学出版社，2000：22.

第六节　师生关系因素

师生关系集中体现了教师与学生之间互相影响、彼此促成、共同成长的教育生态。最近一项研究表明,"师生关系能显著影响小学生的学业成绩"①。

一、师生关系和教师与家长的关系高度相关

根据该项目内对各因素的关联性分析,教师对自己与学生之间关系的感知和教师对自己与学生家长之间关系的感知呈现高度相关,即师生关系越融洽,则教师与学生家长的关系就越融洽;教师与学生家长的关系越融洽,则师生关系就越融洽。超过 90% 的小学教师认为自己与学生及其家长之间的关系是正向、融洽的。

二、从不同属性看师生关系因素的特点

从不同的学校级别、职务、职称、学历、性别看,师生关系因素呈现出不同的特点。

(一) 从学校级别看,在一般学校中,无论是中层领导还是普通教师,其师生关系都比重点学校教师融洽

在这一因素上,一般学校再次表现出一贯的同质性,无论是中层领导还是普通教师,其师生关系都比较融洽。在重点学校中,中层领导与学生的关系远不及普通教师,其中,职称最低教师的师生关系最融洽,并显著优于其他职称教师。这一点也与其他因素相似,职称最低教师不仅职业胜任感好、职场关系融洽,他们与学生及其家长之间的关系也最融洽。

---

① 汪茂华.师生关系与学业成绩的关系:学习自信心的中介作用[J].上海教育科研,2015,(7):15-18.

（二）从教师职务看，中层领导与学生的关系相对疏远

在师生关系上，中层领导的得分高于普通教师，说明中层领导与学生及其家长之间的关系相对疏远，这是因为中层领导由于繁重的管理性事务而与一线课堂产生距离。

（三）从职称级别看，职称最低教师的师生关系最融洽，职称最高教师的师生关系最紧张

随着职称的升高，师生关系呈现出越来越差的情况。这也许是因为职称最低的教师还没有感受到绩效带来的压力，故而与学生及其家长之间保持了比较轻松愉快的关系。职称最高教师的师生关系最差，职场关系也最差，可能是因为其感受到的竞争压力最大。

（四）从学历看，本科学历教师的师生关系显著好于专科学历教师

根据教师所填写的入职时原始学历及其目前的学历可以看出，在职期间，近50%的教师学历提升了一个档次，35%的教师学历提升了两个档次。总之，超过80%的小学教师在职期间提升了学历。在师生关系维度，本科学历教师的师生关系显著好于专科学历教师。可见，学历提升对小学教师发展确实起到了一定的积极作用。

（五）从性别看，在师生关系方面男女有别

随着教龄的增长，男性教师与学生及其家长的关系越来越融洽，而女性教师则出现较大波动。师生关系最佳状态出现于11～20年的教龄段，最紧张的状态出现于21～30年的教龄段。

三、师生关系因素对小学教师发展的作用

《小学教师专业标准（试行）》中提出，小学教师需要具备与家长进行有效沟通合作，共同促进小学生发展的专业能力。学校和教室不再是封闭的

第四章　小学教师发展的六大影响因素分析

场域，其边界变得模糊，各种力量对教师的影响更具渗透性。

20世纪90年代以后，随着时代的发展，以重新配置资源和重新建构社会生活运作机制为目标的经济和社会改革发生了，社会活力被极大地释放。一个明显的变化就是，仿市场机制进入学校，教师与学生之间的关系转化为服务者与消费者之间的关系，家长作为教育准公共产品的消费者开始有意识地参与学校管理，他们拥有了部分权利并开始介入学校决策。

这是学习借鉴西方发达国家的一个表现。从历史上看，家长参与学校管理制度发源于西方发达国家，在美国、日本等已经广泛成立了正式、系统、权责分明、受政府承认的家校合作的中间组织或机构——家长教师联合会（Parent-Teacher Association，PTA）。家长被看作是集学校的支持者、学习者、参与者和消费者于一身的多元混合角色。例如，"英国教育与技术部采用中小学校和家庭签订协议书的做法，以合同或协议的形式，确立学校的义务、目的、精神、学生与父母的期望以及学校应当承担的责任"[1]。

目前，我国也在小学中普遍成立了与PTA相似的家长委员会，这样一来，教师与家长被紧密地联系在一起，其实质是家长有了参与班级和学校事务决策的权利。近年来，公立学校中家长的影响力越来越大，以至于出现了本书所呈现的现象——教师对自己与学生之间关系的感知和教师对自己与学生家长之间关系的感知高度相关。

从积极方面考虑，这能够促使教师倾听家长的声音，与家长进行深度交流与合作，使家长全方位地参与学校事务，从而形成合力，共同协商拟定促进儿童全面自由发展的方案。但是，我国的班级规模远远大于西方的班级规模，众口难调，在很多方面，家长的多元意见，几乎很难达成共识，教师不仅要处理与学生的关系，还要花大量的时间和精力处理与学生家长的关系，有一些家长因为自己的诉求得不到满足，甚至向上级行政领导投诉，致使教师的利益和名声受到损害，教师在工作上战战兢兢，无法行使正当的专业自主权，这就能够解释重点学校师生关系紧张的现象了。部分重点学校的家长多要求教师满足自己的诉求，当诉求得不到满足时，他们往往会通过各种渠道向学校和教师施压，这些压力最终全部落在教师身上，使教师谨小慎微，不敢"越雷池一步"。近年来，一些公办学校教师离职也与这个原因有关。

---

[1] 杨启光. 英国家庭与学校关系的历史嬗变及其教育意蕴 // 中国地方教育史志研究会. 纪念《教育史研究》创刊二十周年论文集（17）——外国教育政策与制度改革史研究 [C].2009：1447-1450.

本 章 小 结

同级竞争、物质需求、职业胜任、职场关系、官方培训、师生关系是影响小学教师发展的六个因素。其中，同级竞争因素的影响力最大。本章对这六大因素逐一进行了分析。

同级竞争与公平性高度相关。不同属性教师在同级竞争因素上呈现出不同特点。例如，重点学校教师之间的同级竞争相对缓和，并且具有阶段性和秩序性，新进教师竞争压力最小；在一般学校中，不同职称教师的同级竞争均十分激烈，而且未表现出显著差异。以晋升职称为核心的同级竞争既能促进教师勤者争先，又能将教师发展置于外在的人与人之间的竞争之中。

物质需求与收入高度相关。不同属性教师在物质需求因素上呈现出不同特点。例如，一般学校所有教师的物质需求都高于重点学校；无论是一般学校还是普通学校，普通教师的物质需求水平都比中层领导高，小学教师的物质需求随着职称的上升而下降。小学教师的收入水平低，这已成为优质小学教师流失的一个重要原因。

职业胜任与适应考核和评价机制高度相关。不同属性教师在职业胜任因素上呈现出不同特点。例如，41～50岁教师的职业胜任感最好；在重点学校中，职称最低教师的职业胜任感最好；在一般学校中，各级职称教师的职业胜任感很接近，都处于较低水平。绝大多数教师都表现出很高的职业胜任感，一方面，这表明了他们对当前的教师考核与评价机制能够适应，高效率地进入了机制内既定的阶梯。另一方面，这又暗含了两个风险：一是小学教师多样化发展的缺失；二是小学教师会在无意之中将自己正在经受的考核与评价机制用于小学生身上。

职场关系与同事交往高度相关。不同属性教师在职场关系因素上呈现出不同特点。例如，职称最低的教师职场关系最好，职称最高的教师职场关系最差；男性教师的职场关系随着年龄的增长越来越好，而女性教师的职场关系则呈缓慢下降的趋势。职场关系因素为教师合作及专业共同体的形成奠定了基础，但是就目前来看，职场关系因素受到工具理性逻辑的影响，从而使真正的教师合作难以实现。

官方培训与教师对培训的认同感高度相关。不同属性教师在师生关系因素上呈现出不同特点。例如，重点学校所有教师对官方培训的认同感及效用感要好于一般学校教师；同样是职称最低的教师，重点学校的新教师最重视官方培训，而一般学校的新教师最不重视官方培训。官方培训具有体制性、计划性和统一性的特点，但是这种强势性在很大程度上也压制了教师自我探索的空间。

师生关系和教师与家长的关系高度相关。不同属性教师在师生关系上呈现出不同特点。职称最低教师的师生关系最好，职称最高教师的师生关系最紧张。师生关系因素一方面促进了家校的全面、深度合作，另一方面也增加了教师工作的难度与压力。

第五章

小学教师发展影响因素的交互作用及其效用

问卷调查发现，小学教师发展的六个影响因素是同级竞争、物质需求、职业胜任、职场关系、官方培训和师生关系，那么，它们之间的内在逻辑是怎样的？在复杂的现实情境中，它们是如何交互作用对小学教师发展产生影响的？本章由浅入深，将各个影响因素放回到具体复杂的现实情境中，用访谈法探寻小学教师发展各影响因素的交互作用及其实际效用。

第一节 访谈设计

将数据变量放回到复杂的现实情境中，让其成为生活变量，由此进一步检验量化结论的合理性，并探寻深层次的机制和原理，这是本次访谈设计的初衷。笔者用访谈法了解环境中个体的困扰，"这些困扰与他自身相关，也与他个人所直接了解的有限的社会生活范围有关。因而，表述及解决这些困扰就可能有赖于个人的生活经历是一个整体，有赖于他切身所处的环境——即个人经历和在一定程度上意志活动所直接接触的社会环境"[1]。"在个体身上所发生的事情并无独特之处，它同样与一条社会轨迹关联。"[2] 访谈调查立足于教师发展的真实场域，笔者真切地听到了来自一线教师和校长的

---

[1] [美]C.赖特·米尔斯.社会学的想像力[M].陈强，张永强译.北京：生活·读书·新知三联书店，2012：7.

[2] [法]布迪厄，[美]华康德.实践与反思：反思社会学导引[M].李猛，李康译.北京：中央编译出版社，1998：47.

声音，用心倾听他们的诉说，据此了解当前小学教师发展中存在的社会性、结构性和体制性问题。

一、访谈目的

访谈调查将小学教师发展各影响因素放置于复杂的现实情境中，目的有三个：一是确立小学教师发展各影响因素之间的相互作用及内在联系；二是描述小学教师发展各影响因素在现实情境中发挥作用的过程、机制及原因；三是根据各影响因素之间的内在关联及实际效用，分析当前小学教师发展面临的困境。

二、访谈对象

2016年3—5月，笔者对来自江苏省内的10位调查对象进行了访谈（表5-1），包括校长2位（其中1位校长曾在区教育局工作过十多年）、副校长2位（其中1位副校长曾在区级教师进修学校工作过12年）、小学教师6位。

表 5-1　访谈调查对象基本情况一览表

访谈对象	访谈对象基本情况
甲校长	男，在教育管理部门工作十多年，任小学校长8年（其中6年在成熟学校任校长，近两年在新建学校任校长）
乙校长	女，在重点小学任校长二十多年
丙副校长	男，做过3年小学教师，做过12年教师进修学校管理人员，现任小学副校长已3年
丁老师	女，语文教师、班主任，教龄1年
戊老师	女，音乐教师，教龄11年，分管学校德育工作
己老师	女，数学教师，教龄1年
庚老师	男，体育教师，硕士研究生毕业，教龄1年
辛老师	女，英语教师，教龄3年
壬老师	女，语文教师兼品德与生活教师、班主任，教龄3年
癸副校长	男，专职分管学校工会工作，教龄13年

三、访谈内容

小学教师发展中的社会性、结构性和体制性问题是此次访谈调查要探究的内容，这些内容难以从问卷调查中获得，只能通过访谈了解教师个体内心的感受，分析他们对教师发展意义的认识和对未来的期待。因此，本次采用半结构的开放式访谈，访谈的内容和顺序等有一定的灵活性与机动性，旨在更多、更深入地了解被访谈者真实的想法以及笔者事先没有想到的一些问题，重点在于挖掘意义，对个人经验进行解释性理解。访谈内容大致有以下三个方面。

内容一：问卷调查得出的小学教师发展的六大影响因素是同级竞争、物质需求、职业胜任、职场关系、官方培训、师生关系，那么，这六大影响因素与小学教师和校长的现实经验是否吻合？六大影响因素之间是否存在交互作用，以及它们之间的关系如何？这是本次访谈的内容之一。本部分得出的结论不同于量化研究要寻求答案的客观性与绝对性，只要结论彼此之间是相关的即可，从而为进一步深入讨论留下足够的空间。

内容二：六大影响因素在实际教育情境中发挥作用的机制及其影响小学教师发展的具体方面与途径。根据《小学教师专业标准（试行）》的界定，本书将小学教师发展分为三个方面：专业理念与师德的发展、专业知识的发展、专业能力的发展。本部分着力于呈现独特、有指标性的个案。

内容三：发掘当前小学教师发展环境中存在的主要问题及其表现，并探究这些问题产生的背后原因。本部分着力于呈现事实与过程的整体性，力争完整地呈现被访者的想法、动机、感受。

第二节　各影响因素之间的交互作用

小学教师发展是在真实情境中发生的，真实情境具有复杂、多元、非线性等特点，各影响因素之间存在交互作用。本次访谈发现，同级竞争与职场关系之间存在交互作用；物质需求与职业胜任之间存在交互作用；同级竞争与物质需求之间存在交互作用。

一、同级竞争与职场关系之间存在交互作用

问卷调查显示，在小学教师发展的各影响因素中，同级竞争因素的影响力最强，同级竞争越小，则职场关系越好。访谈调查也证实了这一点：围绕职称、获奖、荣誉而展开的同级竞争已经成为影响小学教师发展最重要的因素。同级竞争与职场关系两因素之间存在着明显的交互关系，一些小学教师异常激烈的职称竞争造成了校内同事关系的紧张，甚至出现了教师之间垄断知识、封闭信息的现象。

1．"目前小学教师的职称竞争异常激烈"

甲校长曾在区教育局工作过十多年，在两所小学任校长已有8年，他描述了小学教师中职称竞争的激烈性，并从政策层面分析了同级竞争激烈的根本原因。

> 目前，中小学教师的职称竞争异常激烈，这与岗位设置是有关系的。我举个例子给你听，"小学高级"是一个中级职称，相当于大学的讲师，对于这个中级职称，政府设置的比例是60%，也就是说有60%的人可以评上，这个比例是什么时候设置的呢？是20世纪80年代设置的。那个时候小学教师是高中毕业或者中等师范学校毕业，学历层次比较低，评个中级职称也就可以了。现在小学教师都是本科毕业，甚至是硕士毕业，一个本科生毕业大约五六年就可以评中级职称了，但是60%的比例在这儿，100人中只有60人能评上，这也太少了。再往上就更少了，小学教师从二级职称到一级职称，只有6%的人能评上，而中学教师从二级职称晋升到一级职称，最多只有40%的人能成功。中学与小学职称岗位设置比例悬殊，在以前可能是基于这样的原因：一是教师学历背景，以前小学教师的学历比中学教师低；二是认为教中学肯定比教小学难。其实现在看来，这两点都是谬论。第一，现在小学教师都是本科毕业，甚至是硕士毕业，与中学教师已经没有区别了；第二，从学校教育的重要程度看，你能说教小学一定比教中学容易吗？恰恰相反，小学教育做好了，中学教育就会省很多劲儿。
>
> 但现在的情况是小学教师职称岗位较少，那么竞争肯定是异常激烈。现在出现的情况是，一些老学校中年教师多，中级职称岗位全都

占满了，新人要评上职称，必须等老人退休，退一个才能上一个，致使一些学校好几年都没有人晋升职称，只能等，这种情况对教师的影响极大。因为对教师来说，职称就决定了他们的工资，例如，二级职称和一级职称每个月相差能有1000元，更为重要的是，职称事关"面子"，升不了职称，面子上很难看。现在大家都拼职称，搞得校长压力很大。拼职称拼到最后就是拼论文，看谁的论文写得多。其实写论文完全不是小学教师应该做的事，而是大学教师的事情。比如，按照文件规定，3篇论文就够评职称了，但是同等条件下，有人写了5篇，你怎么办？那么你就得写6篇，这样压力就来了。其实这种压力不该由小学教师来承担，本科毕业若干年自然就可以晋升职称，现在搞得教师都在拼着写论文，也没有心思做教学，违背了小学教师本身应尽的职责。小学教师不是做教学研究的，而是做教学实践的，所以我觉得这很不合理，拼职称导致教师的压力很大。

在问卷调查中，同级竞争主要体现在小学教师对职称的竞争上，高职称与高收入、高职务、高荣誉高度相关，可以说是名利双收。我们在访谈中得出了完全一致的结论，即小学教师关于职称的同级竞争异常激烈。

2."在赤裸裸的竞争中，人际关系能好吗？"

问卷调查显示，职称越高的教师所感到的同级竞争也越激烈，而职称越低的教师所感到的同级竞争则相对缓和，那么，能否认为高职称的高竞争性在一定程度上造成了教师职场关系的紧张与淡薄？

甲校长认为，职称竞争给教师的职场关系带来的影响基本上是负面的。

职称竞争对职场关系是有影响的。我要评职称，你也要评职称，评职称参考的无非是教学成绩、论文、师生关系，那么我有一些绝招就不会告诉你了，我就要保留，你学去了就会超越我，所以就会产生保守的心理，这个不好，真的不好。我们学校才运行一年多，目前看不出来，而在一些成熟的学校，就有这个问题，一个教师做得好了，就会招来闲言碎语，这个就是源于一种压力，最后学校内部就变成这样的氛围："我不努力，你也不要努力，我们大家都不要努力了。"职称晋升一定是影响小学教师发展的一个很重要的因素。从目前来看，对于职称的合理性，必须要考虑；如果说必须保留职称，这个制度如何设计得更加贴近实践，这既包括指标的问题，也包括竞争机制的问题。假如说职称制改为只要符合条件就可以评上，没有指标的限制，那么竞争压力就没有了，就不存在教师之间的竞争问题了。然而，现在就是赤裸裸的竞争。

管理部门先核岗到校，比如核下来中级职称只有1个人能评上，但是符合条件的有10人，那么校长怎么办？校长不敢说让谁评，不让谁评，只能"发动群众"投票啊、测评啊，因为校长不能把火烧到自己头上来，这里就又有了人际关系的问题——认真干活的，人际关系不见得好。但是一旦投票结果出来，就不能再动了。其实几个校长商量着一定会更科学，更能洞察每个教师到底是真好还是假好。

在另一所学校任职的丙副校长也持相同的观点。

你评上了，我没评上，我群众基础又比你好，水平又比你高，我当然看不起你，"文人相轻"，怎么相轻？你到底是怎么评上的，这里面就牵涉很多问题，就认为你和校长关系好、和局长关系好、和评委关系好呗。同一所学校内、同一个学科的教师之间都会存在这个问题。

数据结果显示，居于小学教师的工作压力来源前三位的分别是教学任务重、职称竞争激烈、论文发表。访谈也支持了这一结果，在繁重的教学任务完成之后，教师将时间和精力都放在了晋升职称之上。这在客观上使教师合作失去基础，职场关系变得紧张。在实践中，《小学教师专业标准（试行）》中提出的与同事合作交流、分享经验和资源、共同发展的要求也只能浮于表面。有实证研究表明，"在实践情境下，教师合作衍生出虚假合作、群体性思维、小集团化等诸多异形变体"[①]。

3. "竞争是新教师入职以来遇到的第一种人际关系"

壬老师是一位入职3年的年轻教师，她感觉到了年轻教师与成熟教师之间存在竞争关系，她这样描述：

---

① 乔雪峰，卢乃桂，黎万红. 从教师合作看我国校本教研及其对学习共同体发展的启示[J]. 教师教育研究，2013，25（6）：74-78.

竞争是我们新教师入职以来遇到的第一种人际关系。我们学校平级是5个班，基本上是按照2～3名成熟教师和2～3名年轻教师这个比例配的，学校希望成熟教师能带带我们年轻教师。你知道我们刚毕业时有很多自己的想法，因为年轻教师还没有建立家庭，时间也多，就会一心扑在工作上。比如，装饰班级，成熟教师就是以前怎么装饰，现在还怎么装饰，而我们会有好多点子，我们会请学生来，也会请学生家长来。可是当我们个人的想法太多以后，成熟教师就不怎么支持我们了。有一次校长让我开一次公开课，是前一天晚上打电话告诉我的，说是明天有外面的教师来听课，让我找年级组长要课件，因为这节课她上过。我就打电话给年级组长，她就很抵触地说："校长让你上课，你就自己备呗，或者你就和校长要课件呗。"她直截了当地在言语上表示不支持，我那时也蛮委屈的，委屈了很长时间。我去听她的课，她也会说"下次不要来听了"，或是说"今天的课没什么上的，我就是复习"。我们3位年轻教师都被她说过。后来校长私下和我们说，因为你们年轻教师想法太多了，无形之中也给成熟教师增加了压力，导致她们不得不在班级建设上花更多的时间。其实只要是同一个年级，都会有竞争，比如说常规、各项活动的评奖、班级的特色活动，还有各种暑假、寒假期间的活动，老教师一般是不愿意组织班级特色活动的，而新教师会有很多时间去做。这个差异会反映到年底的绩效上，年底我们会评"校级优秀班主任"，虽然在钱上相差很少，但是这事关"面子"问题。

我们年级组长带的班学生成绩最好，每次都是第一名，她的教学方法和我们不一样。我们都知道她的方法和学校一般的讲课方法不一样，我们想去听她的课，但是她不许我们去听课。事实上，成熟教师没有指导我们的动机，她会说："我为什么要指导你？"她有一次还很凶地和校长吵架："我凭什么要做这件事，你没有给我名，我为什么要出力？"

问卷调查显示，0～10年教龄的小学教师处于发展的关键期，这一时期他们面临的同级竞争较为激烈，但在这样的压力之下，他们的职业胜任感却最好，对职场关系的感知也最融洽。从访谈中我们也看到，年轻教师的确有着强劲的发展动力。但是由于排名与竞争的压力，客观上造成了一些年轻教师与成熟教师之间的对立，使得新老教师之间"传、帮、带"的想法无法实现。无论是校长还是教师都提到了学校内出现的知识垄断现象，这就是激烈的同级竞争所造成的恶果之一。

综上所述，竞争是一种"零和博弈"，简言之，就是赢的一方获得全部，而输的一方失去一切，恰如一首诗所写的，"月儿弯弯照九州，几家欢乐几家愁"。建设性的竞争能促进勤者争先、积极进取，而破坏性的竞争则会导致人们产生焦虑和紧张的人际关系。从调查来看，以筛选为目的的同级竞争会导致职场关系的紧张，职场关系的紧张又加剧了同级竞争的激烈程度。

二、物质需求与职业胜任之间存在交互作用

职业胜任指教师在学校内部的考核与评价机制中获得的自我效能感，它与物质需求因素之间存在交互作用。问卷调查显示，教师的物质需求越低，其职业胜任感就越好。访谈发现，在学校内部的绩效考核中，得分高就代表教师的职业胜任度高，他们就能在经济上得到回报。但是，目前校内绩效考核却简化为论文数量的比较。

1."在这个体系内得分高，就认为自己是成功的"

问卷调查显示，教师的职业胜任感和学校内部的考核与评价机制高度相关，也就是说，教师一旦能够适应并胜任学校内部的考核与评价机制，就会认为自己的发展是顺利的。对此，甲校长认为这一量化结论是符合事实的。

> 学校内部的考核与职称评价就没有太大关系了，这是每所学校内部的评价机制，一般是超越职称的，主要看教师的实际工作情况，从各个维度，如师德、业绩、家长反映、公开课等方面进行考核。教师为什么在学校内认为自己是成功的呢？是因为在这个体系内自己的得分是很高的。这个体系的产生过程是这样的：先制订出一个方案，然后经教代会通过，全校就按这个方案执行，比如，上一次公开课算多少分；所教学生的考试分数在全区调研中的排名，又算多少分；民主测评达到等级，也折算成分数；还有请假，请假多就要扣分。在这个评价体系内，得分高的教师自然感觉就不错，认为自己是成功的。打分是公开的，分数结果也是公开的。

可见，目前教师的职业胜任感已经量化为绩效，可以由分数来表征，分数的高低是教师工作质与量的直接证明。

2."绩效分数就是奖金啊"

在绩效工资体制内，为了体现多劳多得的分配原则，绩效分数与奖金直接挂钩，甲校长说：

> 分数就是奖金啊，一名教师得98分，另一名教师得95分，奖金就要体现出3分的差异，无论1分值10元，还是1分值100元。这是根据政府要求做的，现在绩效工资实施就是不允许搞"大锅饭"，把30%拿出来作为绩效。教师对此特别有意见，他们认为，"这是我的钱，凭什么分给别人？"根据我们学校目前的发展阶段，我的做法是模糊管理，比如说每个月的考核，每个人都一样，我认为每个人都很努力。

绩效分数就是奖金，而奖金又是小学教师最为关心的问题，所以小学教师对绩效考核特别看重，校内人际关系的矛盾很大程度上也集中于此。

3."绩效现在就是拼论文"

壬老师虽然是才工作了3年的新教师，但也有了做班主任、教语文、教品德与生活以及十几次上公开课的经历，她对绩效的理解很透彻：绩效就是拼论文。

> 在我们学校，绩效的差别很大，最多的能相差4000～5000元，我们学校是完全按照教育局的规定来做的。绩效包括你开的公开课，本校内的公开课不算，要出去上课才算，到其他学校上公开课加2分，区里的课加4分，市里的课加分就更多了。另外就是论文竞赛，我去年交了5～6篇论文，还算少的；还有就是发表文章、申报课题，要求是参与过课题或是你有个人课题。年底时将这些全部都拿出来，公开比，标准虽然很低，但是你要和别人比，就得比别人多。实际上，绩效现在就是拼论文。
>
> 我们学校是新学校，是按照教育局规定评绩效的，但是成熟教师很不高兴，因为她们在工作上比不过我们年轻教师。我们论文写得多，

下班后没地方去，就在办公室备课，节假日还能带学生做特色活动。我们的绩效多，事实上就把成熟教师的钱给分了。每年年底，她们就在群里说："为啥进这么多年轻人啊，把我们的钱都分了。"

壬老师的话具有一定的代表性，绩效工资在实施过程中引发了诸多矛盾，于是"上有政策，下有对策"，甲校长就因地制宜地采用了模糊管理的方式来化解矛盾。我们看到，现在出现"评绩效就是拼论文"的想法，加上"不患寡而患不均"的传统思想的影响还很强大，导致绩效工资自实施以来一直都受到校长和教师的抵触。

可见，物质需求与职业胜任之间存在交互作用，两者的交集体现为绩效分数。绩效分数高者，说明在体制内工作的质与量都高，得到体制的认可与好评，收入也高；绩效分数低者，说明在体制内工作的质与量都低，在体制内得到低评价，收入也低。

三、同级竞争与物质需求之间存在交互作用

职称、荣誉等级制度是金字塔式的，等级越高，比例越小，竞争越激烈，处境越难，但是收益也越大。"风险越大，收益越大"的经济现象在小学教师发展现实中同样存在。

1. "因为有经济回报这个东西存在，所以每个人都很关注这类评审"

丙副校长是从小学教师成长起来的，他将小学教师之间的竞争分为职称竞争和各类荣誉竞争，他也认为教师之间的同级竞争是客观存在的普遍现象，竞争动机不仅是为了获得专业声望，更是为了较大幅度地增加经济收入。

> 小学教师发展有两个方向，要么成为名教师，要么成为名校长，其他方面的发展可能就不符合规律了。无论哪个方向，首先就是评职称，现在评职称的要求比以前要高得多，对论文、课题、学历、公开课等方面都有要求，那么在本校教师之间就有竞争，先看你有没有机会能报上去，报上去之后，同一学科教师之间就要产生竞争，比如，中级职称是同一个区内同一学科教师之间的竞争，高级职称就是全市内同一学科教师之间的竞争。这种竞争是客观存在的，也是很正常的，

比如，我们学校今年有 15 名教师报中级职称，上级部门只给了 3 个指标，这种竞争就是客观存在的。以前是生日到了吃面，现在是生日到了，不一定有面吃。教师发展的另一个方面就是向名特优教师[①]发展，成为名特优教师是有好处的，比如，特级教师每月多拿 800～1000 元补贴，区学科带头人以上、经考核合格的，每个月都有钱。因为有经济回报存在，所以每个人都很关注这类评审，这既是对自己专业的一种肯定，同时也能获得实实在在的好处。

甲校长说，真正能体现名教师和名校长荣誉红利的时间是退休之后。

评上名教师或是名校长，退休后就有民办学校来聘，一年给 100 万元；特级教师就更牛了，聘的地方更多了。大家为什么都拼名教师或是名校长？因为这个名称太值钱了，值钱在哪里？第一，在职时每个月都有千把块钱的补贴；第二，社会地位高；第三，退休后价值高。在职时在外面兼职还违规，退休后就无所谓了，没人管了，民办学校开出的年薪有几十万甚至 100 万元。

问卷调查显示，居于小学教师生活压力来源第一位的是经济收入，收入低是目前小学教师对自己收入的普遍评价。同时，绝大多数教师是"守土重迁"的，对所在学校保持了较高的忠诚度。那么，在体制内提高收入就成为所有小学教师最为正当和理性的选择，于是小学教师从一开始就直面竞争并投入竞争中也是必然会出现的普遍现象。

2. "区级荣誉获得者的职业焦虑最强"

问卷调查显示，区级荣誉获得者的职业焦虑感特别明显：他们对物质最为看重、感受到的同级竞争最激烈、职业胜任感最差、师生关系也最紧张。为什么会出现这种情况？工作了 3 年的壬老师表示很好理解这一现象。

在区里拿奖相对容易一些，区里同一学科的教师都互相知道，但是到市里情况就不一样了，所有区的高手在一起比。再说我们区的水

[①] 名特优教师是指名教师、特级教师、优秀教师。——笔者注

平和鼓楼区、玄武区①的差距还是挺大的，我们不仅要和这两个区的教师比，还要和所有区的优秀教师比，此外，还要和往届落榜的教师比，所以从区里往市里冲的难度是最大的，也最让人焦虑。

问卷与访谈调查相互印证，同级竞争与物质需求两因素之间存在交互作用，在目前的职业发展序列中，职称、荣誉等级制度是金字塔式的，等级越高、比例越小，竞争越激烈，收益也越大，而且竞争胜出的红利将延续至退休之后。

访谈调查发现，教师和校长认为官方培训与师生关系两个因素相对独立，与其他因素的联系较为松散。

第三节　各影响因素对小学教师发展的实际效用

根据教育部颁发的《小学教师专业标准（试行）》，本书将小学教师发展分为专业理念与师德的发展、专业知识的发展和专业能力的发展三个方面，本节将探讨各个影响因素及其交互作用对小学教师发展的不同方面所产生的具体效用。

一、同级竞争和职场关系对教师专业理念与师德的影响

同级竞争、职场关系是访谈对象谈论最多的话题，这两个因素都跟"我与人"的问题直接相关。从访谈调查中可以看出，它们在很大程度上决定了教师的个人目标设置，对教师专业理念与师德发展的影响非常明显。

1."'评'出来的带头人发挥带头作用了吗？"

丙副校长认为，职称评审中需要讨论一个价值导向的问题——到底应

---

① 鼓楼区和玄武区分别是江苏省教育厅和南京市教育局所在的区，基础教育师资水平在全省领先。

小学教师发展影响因素研究——基于江苏省的调查

该成为怎样的教师？

对于职称评审的条件，教师肯定有意见，很明显，这个条件没有办法把师德最好、专业能力最强的教师选出来。现在给教师的导向就是，课可以上得很一般，只要把应该完成的任务完成就行了，其他时间用来写论文、做课题研究、上公开课。只要按照职称评审的条件去做，一定比那些在课堂上扎扎实实上课的人要强。这是一个根本问题，这是尺子、标准。其实，这就是一种负面的影响。

你评出来的职称或头衔高的人，一是教学水平是不是一定高？二是道德水平或者是在同行中的影响是不是一定好？我认为里面有一些东西值得研究，就是名特优教师发挥的引领作用到底有多大，他们能带来多大的正能量，这个值得我们去思考。普通教师会问：你带头体现在哪里？你怎么带头的？你不就是上课、写论文、搞课题，然后评上学科带头人的吗？评上学科带头人代表你具有了相应的专业技术和能力，接下来你是不是就应该带头？这种现象至少在南京市是普遍的，我认为这是一项很有价值的研究。学科带头人没有发挥带头作用，原因可能有两个：一是管理这些学科带头人的人没有很好地管理这些教师，没能让他们发挥作用；二是有的带头人到了一定的级别后可能更关注自己的荣誉和利益。

那么，评审出来的名特优教师是不是师德最高尚的人呢？能不能引领广大教师的师德发展呢？甲校长对此也持怀疑甚至否定态度。

名特优教师是通过一级一级的教学大赛选拔出来的。有的特级教师上一节课水平很高，但是学生考试成绩不行，原因是他课外一点工夫都不下，上完课夹着包就走了，认为学不好是学生自己的事情。小学教育，上课是一个方面，课后花工夫是另一个重要方面，特别是对于有些学困生，课后教师不帮助，他们怎么能跟得上？真心把孩子放在第一位的教师，课上得差一点也没关系，课后可以补起来。这样的教师思考的是：这个孩子有些题目不会做，我要怎么帮助这个孩子？心中总是在想这件事。

其实，讲来讲去，对教师发展影响最大的，还是他们自己的师德水平。当教师要想当得好,一定是师德高尚的人才能当得好,一定是把学生看得无比重要的人才能当得好。

同级竞争和职场关系对教师专业理念与师德的影响主要体现在:同级竞争的胜出者有时并没有得到同行的认可,也没有发挥其在专业上应有的示范和引领作用,相反,却常常给广大教师带来专业价值认同上的错乱。

2."其实家长择班,最实惠的是选'老黄牛'老师的班"

乙校长在一所名校担任校长二十多年,她说:

> 学校里教师分两种,一种是"面子教师",他们是"孙悟空",要靠他们去开公开课、去拿奖,为学校争荣誉;但是,光有"孙悟空"还不行,还得有"老黄牛",能在家认认真真带班的,这种的就是"里子教师"。对学校发展来说,面子教师和里子教师都需要。其实家长择班,最实惠的是选"老黄牛"的班,这些教师认真带班,负责任。

由于职称评审条件本身的导向问题,不仅教师之间的关系紧张,还在无形之中将教师划分为不同的类别:一类教师是"面子教师",专门负责为学校争荣誉;另一类教师是"里子教师",兢兢业业地教书育人。事实上,"面子教师"名利双收,而"里子教师"由于将主要精力放在教学上而忽略了自己的名利,付出得不到应有回报甚至会遭遇鄙视。这种分类事实上干扰和破坏了小学教师的专业伦理,如果年轻教师都以成为"面子教师"为目标,那么广大学生及学生家长无法从这样的发展中获得实际利益,也背离了教育的应有价值。

3."学校为了打造'名教师',把很多荣誉全给一个人"

为了学校的整体发展,校长必须在校内打造"名教师",甲校长从中发现了问题:

> 再说荣誉的获得,荣誉多了,职称就容易评上。但是,荣誉也是一把双刃剑,如果一名教师各方面都优秀,遥遥领先,是大家都公认的,也就好办。但现实往往不是这个情况,教师各有所长,这份荣誉

给了这名教师，那校长就要计划好下一份荣誉该给哪位教师，这是一个平衡的问题。这个平衡问题在当下又会导致什么矛盾呢？学校面临着打造"名教师"的问题，就是出现把很多荣誉往一个人头上堆的现象，为了推特级，管他好不好，就把荣誉都给他一个人，这样其他教师就有意见了，教师还是蛮看重荣誉的。

学校场域最大的矛盾是上升通道、管理权力、经济利益分配是否公平。问卷调查显示，教师认为竞争与公平高度相关。公平、公正的规则可以造就最大的人力资本价值，而不公平、不公正的规则会损伤人的价值观和降低人的工作积极性。如何从架构、机制、文化上解决或者部分解决这些问题，从而在学校内营造公平、向上的工作环境和氛围，关乎小学教师的专业理念和发展方向。

二、物质需求和职业胜任对教师专业理念与师德的影响

物质需求、职业胜任这两个因素都跟解决"我与物"的问题直接相关，它们也对教师专业理念与师德发展产生了显著影响。

1. "工作以后才知道，教师职业真的是一个良心活"

丁老师是一位刚入职1年的新教师，一来到学校就担任了一年级某班的班主任和语文教师，她说：

> 工作以后才知道，教师职业真的是一个良心活，有很多细枝末节、很繁琐的事，这种感觉和实习时完全不同。实习时有指导教师，有时代上一节课、改改作业，教学、班主任工作都不太深入，和现在做一个真正的教师完全不同。有的工作，做与不做、说与不说，真的靠良心。

丙副校长说：

> 教师是一份非常讲究良知的职业，是否每一位教师都能按照职业良知去做事？这是一个问题。有的教师会认为，小孩子犯错真是犯嫌、令人讨厌；有的教师则会认为，小孩子在成长过程中犯错是正常

的。像这样的差别，你就没有办法进行评价。教师是否用职业良心去做、对孩子爱还是不爱，这是没有办法进行衡量的。举个最简单的例子，就拿我自己来说，现在教孩子和18年前教孩子，情感肯定是不一样的，第一，我年龄增长了，第二，自己有孩子还是没有孩子，对学生的情感也是不同的，这没有办法衡量。但是，有一点可以肯定的是，一个孩子出了问题，行为不文明甚至违纪了，教师管不管？怎么管？管深了，小孩说不定还会打我呢，管严了，说不定孩子还会有情绪，这怎么界定？有的教师就会睁一只眼闭一只眼，能不管就不管，反正我也说过了，就说"你这个行为不允许，下次不许哦"，或者干脆打电话找家长，这也算管过了。那么，负责任的教师会花时间找学生来谈谈，并采取相应的举措。这个问题真的很难去界定，值得我们去思考。

《礼记·学记》中对教师提出这样的要求："凡学之道，严师为难。师严然后道尊，道尊然后民知敬学。"师严—道尊—敬学是一条完整的化民成俗的逻辑线路。教师应当严格要求学生，严格要求是为学生负责、为社会负责的体现，也是教师的专业伦理所在。然而，在目前的教师评价体系内，当"严师"不仅不能给教师带来个人利益，甚至是有风险的。因此，有的教师选择了明哲保身，对于完成岗位职责规定之外的事情不再用心。

2. "把职称解决了，就不想再管其他事了"

对于教师同级竞争主要聚焦于职称而不是职务这一现象，甲校长认为这也符合现实情况，小学教师普遍对晋升职务没有兴趣，从根本上说，也是因为承担了一定职务后就需要为学校付出更多的时间和精力，而收益却很少，"性价比"太低，所以教师仍然将晋升职称作为最主要的目标。

当不当中层干部，教师觉得无所谓，现在当干部是一种责任和负担，工资待遇也就高了300块钱嘛，还累得要死，上面受校长气，下面受教师气。教师觉得只要把自己的教学和班主任干好，大家都会说你好，把职称解决了，就不想再管其他事了。你看一些名校，让名校中的好教师当干部，教师会说："笑话，我当什么干部啊，两头受气，我才不干这个事呢。"所以说，现在是没人愿意当干部的，大家都盯着职称这一块，职称是硬碰硬的，也是一个"脸面"的问题。

物质需求因素的作用主要体现于其对小学教师专业理想和专业坚持的影响上。小学教师收入水平的高低是小学教师专业地位的重要表征，也直接影响着高素质人才选择从事小学教师职业的意愿和现有教师保持率。从数据上看，以工资为核心的物质需求已成为影响小学教师发展的重要因素，这一点在中青年教师身上尤为明显。他们处于人生压力最大、干劲儿也最足的时期，最渴望通过自己的劳动获得尽可能多的报酬。教师也是食人间烟火的凡夫俗子，他们通过专业化的分工劳动所获取的财富与其生活质量直接关联，在工具理性的支配下，想方设法地最大化其行为的效用，至于专业理念及师德这些方面则成为"良心活"，考验着教师的职业道德。

问卷调查显示，职称最低教师的师生关系最好，而职称最高教师的师生关系最紧张，这是令人担心的一个现象。如果评价制度不改变，教师的思想不改变，相信不久的将来会有更多的教师选择"不作为"或是"做一个精致的利己主义者"，认为只要不出事就行，至于学生读不读书是他们自己的事情，教师不愿意严格要求和管理学生，受损的终是学生、家庭以及我们整个民族和国家。

三、官方培训对教师专业知识和专业能力发展的影响

官方培训是体制内的教师学习，有着固定的时间及稳定的课程，直接对教师的专业知识和能力发展产生作用。访谈中，教师表示，官方培训中收获最大的形式是自己亲身实践的上课与评课，真正有效的教师培训必须要配合教师内在的自我需要开展。

1. "收获最大的是：我上课，你来评"

壬老师虽然是才工作了3年的年轻教师，但已经有了十几次上公开课的经历，她认为上公开课的经历在专业上对自己的帮助最大。

> 区里和市里的培训效果很一般，那些课都是精心设计过的，上过课后有一名教师点评几句，然后还会有校长做个报告，其实我们都是在低头玩手机，基本没听。
>
> 收获最大的还是自己开公开课，我上课，你来评，一遍一遍地磨课，有时我会把这门课在全校二十几个班级都上一遍，不同的教师来

听，并提出意见，几次公开课磨下来，对自己能力的提升真的很有帮助，包括语言能力。平时上课还会说废话，而经过十几次甚至二十几次磨过的公开课，说的每句话都是经过推敲的。

虽然我在区里和市里已经上过十几次公开课了，但是今年我不准备上了。这是因为指导教师给了我一些建议，而我还想按我的想法上。上次我给一年级小孩子上一节课，是关于饭前便后要洗手的内容，我用的是一本美国的绘本，绘本中细菌形成一支部队，时时刻刻想要入侵人体，我觉得很形象。可是一名评委是我的指导教师，她认为不要用绘本，而是应该用对话，可是一年级的小朋友怎么对话？我问："你们知道病毒性感冒吗？"他们说："不知道。"我问："你们知道南京梧桐树上飞下的毛絮吗？"他们说："不知道。"这让我很难受，没有办法对话，可能是我的水平还没达到与小孩子对话的程度吧！但是，不按评委的建议上又不行，所以今年我就不想参加了，反正工作3年内需要开的公开课的量我早就达到了。前3年公开课开得再多，到第四年也得重新计数。

工作刚1年的新教师丁老师也有类似的感觉。

1～3年新入职的教师需要参加启航工程的培训，区里一学期组织了2～3次培训，或多或少有一些效果。但是我觉得收获最大的还是在实践中学，无论是上课还是班级管理，我上课，其他教师来听、来评。此外，还有我去听其他教师上课，然后参加研讨，收获也是很大的。我们学校每周会安排1～2次的校内公开课，这真的是很有必要。以前在大学读书时，还是纸上谈兵，我在实践中感受最深的是，教一年级的孩子真的需要非常细致，在实践中才会发现问题，发现问题之后才会去寻求答案，有时是看书，有时是和其他教师交流。比如，我以前高估了一年级孩子的能力，我空讲他们是不懂的，必须写出来、标出来，要很细致。此外，每周五放学后，我们还会有一个教师读书会，每个教师一学期会轮到一次做读书汇报。

戊老师是一位已经评上了中级职称的音乐教师，她认为：

> 教研活动中我觉得最有效的是听课，特别是市里面的课，这是经过一定的打磨才出来的。听过之后，会组织我们进行小组研讨，市里教师的思路与我们不一样，这反映出了城乡差别。此外，我觉得我们学校的教师阅读活动对我很有帮助，我们学校将每周五下午4:30—5:30这个时间固定下来，用来办教师读书会，这就督促我认认真真地看一本书，哪怕只有一点点收获。我们的气氛很好，会越聊越深，越聊越多，一般都不止一个小时了，一学期下来，每个教师都能讲一遍。

问卷调查结果显示，小学教师认为最有效的学习方式是小组合作学习，其次是一对一的师徒带培，最不喜欢的培训方式是专家讲座。访谈结果又一次证实了这一结论，即教师认为自己亲身上课或听课后再进行小组研讨的方式，对自己专业发展的帮助最大，因为这样教师能亲身参与其中，能在对话中与他人交流想法。教师读书会也是一种小组学习的方式，也受到教师的认可与欢迎。

2."真正的教师进修一定是配合了教师自我、本身、内在的一种需要"

丙副校长在教师进修学校工作十几年，从事教学与管理工作，他对小学教师培训的实效颇有心得。

> 现在培训花的钱太多，其出发点不是让教师真正成长多少、获得多少，而仅仅是花钱办事，效果令人怀疑。真正的教师进修一定是配合了教师自我的、本身的、内在的一种需要，没有教师内在的需要，那培训就成了形式主义，为了培训而培训，那是虚假的。

戊教师作为学校的骨干教师和中层领导，也持相似的观点。

> 教师发展最主要还是自我的发展，自我有了发展的想法，就算外部条件差点，也还是能够发展的，只不过步伐会慢一点而已。

庚老师是刚工作1年的男教师，他是体育专业的硕士毕业生，入职以来，他最大的需求就是想知道如何面对小学生开展教学。他认为那些契合了自己这一需求的培训活动效果最好。

第五章 小学教师发展影响因素的交互作用及其效用

我以前本科和硕士的实习都是在大学里,对于怎样教大学生我有经验,但是,对于如何教小学生,我就没有经验了,也特别想知道其他教师是怎么做的。这一年来,让我收获最大的是听课,看别的教师上课,能够吸取到不同的经验,再拿到我自己的课上来实践。边听课,边学习,边提高,效果最好。

在壬老师工作的 3 年多时间里,她阅读了大量的书籍,现在她的师傅都会来向她请教读书的问题,她提到了校长为教师开书单、给教师报销书费的事情。

我读书是因为我想读书,但不是为了外在的什么要求,就是想读书,几天不读书就觉得好像哪里都不自在。书读得多了后,就觉得看问题的角度会与其他人不同。我们校长特别强调教师要读书,大家不是说"当了小学教师后就不读书了吗?"校长为了鼓励我们读书,就给我们报销书费,我 3 年来买的书都没有花过自己的钱。校长还会为我们每个人开书单,要求教师看。他给我开的书单最多,可能是因为我看得快吧!他说:"趁我现在还能指导你的时候,多给你推荐几本书,以后你水平高了,我就指导不了你了。"

在成人教育者看来,教师进修中最应受到关注的是个体独特的、不可替代的、不可复制的生活经历、思维经历以及其自我意识和潜能的唤醒,让个体看到自己的力量与能力,建构自由与责任相统一的成熟的人。"我们深信,教育工作对其他任何一个人、特别是成人能提供的帮助就是给以工具,将他置于一种环境,使他能够依靠自己在社会上的地位,自己的日常经验、斗争、成功和挫折来建立自己的知识体系,进行独立思考,并逐步地形成和发展自己的个性,使个性的各个方面得到充分的表现。"[1] 这是成人教育和成人学习的规律之一。教师培训必须认识并尊重这一规律,通过满足教师的内在需求实现对其能力的开发。从调查来看,目前,小学教师最期望的培训形式是工作场所中的、工作时间内的小组学习,既不占用教师节假日的休息时

---

[1] [法] 保尔·朗格朗.终身教育引论[M].周南照,陈树清译.北京:中国对外翻译出版公司,1985:10.

间，自己又能亲身参与其中。

然而，目前的教师培训还具有明显的等级色彩，教研员或评委的话语权大于一线教师，而一个区往往只有若干名教研员，他们的标准就成了全区这个学科所有教师的"统一标准"或"平均标准"。杜威说过，"与个性相反的东西就是平庸，就是平均标准。当我们发展特异的品质时，就能形成特异的人格，并对社会服务作出更大的贡献，这种个人的贡献超出物质商品数量上的供应"①。话语权上对教师的压制是小学教育资源中的一大损失。"每当我们面对一种个人意愿或个人智慧都必须遵循的思维类型或行为类型时，个人所承受的这种压力就表明集体在干预个人。"②未来如何减少这种来自权威、标准、集体的压力，真正实现"教无定法"的多元化，仍是一个重要问题。

四、师生关系对教师专业能力发展的影响

乙校长是一所重点学校的校长，该校多年前就开风气之先，成立了家长委员会，吸收家长参与学校管理。目前，该校继续探索家校深度合作的机制，将家长纳入教师评价的过程中来。乙校长说：

> 我们学校特有的一个做法是，每学期每门学科的教师都要接受家长的打分，我们将家长给教师打的分数作为评价教师的一个重要方面。目前，官方的教师评价与家长无关，但是我们学校自己加了这一条，这样就加强了教师与家长的联系，家长可以参与到教师发展的过程之中来，家长的评价基本是公正的，这几年下来教师也认可了。

己老师作为刚工作一年的教师，也遇到了与家长沟通方面的问题。

> 我一工作就带二年级的班主任，全班40个孩子，我会要求孩子养成按时完成作业的学习习惯，他们回家后就要完成家庭作业。我常常会发现，一些孩子老是完不成家庭作业，问他，说是忘带了，我拿过

---

① [美]约翰·杜威.民主主义与教育[M].王承绪译.北京：人民教育出版社，2008：134.
② [法]E.杜尔干.宗教生活的初级形式[M].林宗锦，彭守义译.北京：中央民族大学出版社，1999：483-484.

作业本一看，根本就没有写。我就和他们的家长沟通，这些家长会说："你要相信小孩子，让他们自己的事情自己做。"我就对他们说："对于二年级的孩子来说，你指望他们一到家就自觉写作业，写完作业后再自己检查一下，再收起来，这基本不可能哎。"这些家长就是网上的东西看多了，认为对孩子要"放手"，孩子要勇于承担责任，但我觉得这些得慢慢来，毕竟孩子还在低年级，家长必须得和学校配合。我在家长会上就和家长说："小孩作业的对错不需要你们操心，作业我会改，改作业是我的工作。但是，孩子是否认真完成了作业，这个你们家长必须操心。"如果家长不管，小孩作业不写、不交，我能怎么办？我只能让他在学校再做一遍，耽误他与小朋友玩或者做其他事情的时间。我带两个班的数学，每个班有 4～5 个这样的孩子，两个班就有近 10 个这样的孩子，我都有一种看不过来的感觉了。

壬老师已经做了 3 年的班主任，她说刚接手新班时，是会有家长不配合的情况，但是三年来自己通过用专业眼光和专业能力努力带班，最终征服了家长。

> 一接班时，大部分家长还是配合的，可是班上会有几个家长特别不配合我的工作，认为我太年轻、带不好班，不信任我，他们觉得年级组长带的班肯定比我带的班要好。我有点不服气，我觉得自己用的办法效果虽然慢一点，但是最终也能达到目标。3 年下来，家长也接受我、认同我了。

《小学教师专业标准（试行）》中提出，小学教师专业能力中应包括与家长进行有效沟通合作，共同促进小学生发展等方面，这意味着对小学教师专业能力的要求更高了。小学教师不仅要在学校内做好教育教学工作，还需要与家长互动和沟通，了解孩子在学校之外的生活，进一步促进家校的全面深度合作。对于小学教师来说，这是对其专业能力的新挑战与新要求，将促使其专业能力的提升。

在学校系统内部和外部建立起广泛的伙伴关系，开门办学，是现代学校提升办学活力和品质的途径，其中，家庭和学校的关系是重要方面。在世界性民主浪潮的推动下，家庭成为学校发展的资源和推动力，学校应与家庭建立起互惠互利的合作伙伴关系，共同为儿童的健康发展负责。尽管目前家长参与教师评价的理论与实践还存在种种问题，但是从各自独立运作走向协商共治是家校关系发展的必然趋势，是教育民主化的必由之路。家长参与到教师评价中来，既是消费者的一种权利，又是促进学校提升办学品质的一种力量，家长由被动转为主动，由墙外进入墙内，由"事后被告之"变为"开始就参与"，家长成为学校真正意义上的平等互助伙伴，实质性地进入学校教育历程之中。

第四节　小学教师发展的困境分析

学校的发展，从根本上依靠的是组织建设和文化建设。因此，学校要建立一支高素养、高境界和高度团结的教师队伍，创造出一种自我激励、自我约束和促进优秀人才脱颖而出的机制。目前，小学教师发展的环境中存在三个明显的问题：困于以筛选为目的的同级竞争制度；困于失去激励作用的绩效管理；困于缺失需求评估的教师培训。如果这三个问题不能得到很好的解决，那么其将会阻碍教师和学校的发展，甚至会损害教育公平。

一、困于以筛选为目的的竞争制度

竞争是一种社会比较的过程，即个体将自己与其他个体进行比较。"终身教育的发展遇到的一个严重的障碍，就是选拔的问题。现状是人所共知的：通过种种考试和证书文凭，在教育的各个阶段都进行着筛选和淘汰；在教育的结束阶段，在合格者和不合格之间、在教育制度的'得宠者'和'失意者'之间，这种筛选和淘汰表现得更为尖锐和突出。因此，优劣成败便以一种通常是无可改变和挽回的方式被制度化了。"[①] 在访谈中，被制度化了的"优劣成败"对小学教师发展产生了消极影响。

---

① [法] 保尔·朗格朗. 终身教育引论[M]. 周南照, 陈树清译. 北京：中国对外翻译出版公司, 1985：49.

1. "职称到手，就没有什么能激励他们了"

甲校长这样评价以筛选为目的的职称制在教师发展中的作用。

> 职称制曾经在提高教师专业地位方面起到过作用，但是目前在操作过程中，由于岗位设置等原因，它确实是阻碍了小学教师的发展。我深深地感受到职称阻碍了小学教师的发展，使教师之间的关系很紧张，使校长像热锅上的蚂蚁，左也不是，右也不是，核岗核到学校，竞争越来越激烈。有的教师一旦拿到高级职称，又不想当特级教师，就产生了倦怠，因为没有什么能激励他们了。就我而言，如果条件成熟，职称制就不一定需要继续执行了；如果说非要继续执行不可，那么就需要做大的调整。

2. "老是评不上职称，久而久之，就没有动力了"

戊老师是一位已经评上了中级职称的音乐教师，她认为晋升职称时的挫败感影响了教师工作的积极性，当她看到同事在职称上的遭遇时，她感到唇亡齿寒，这也是促使她进行校际流动的重要原因之一。

> 在一些老的学校，有的教师总是评不上职称，久而久之，教师就没有动力了，觉得反正就这么回事了。我以前在的那所学校，有位教师各方面都很好，也都符合条件，学校也送上去了，区里也过了，但是到了市里被刷下来，也没有解释是什么原因。我觉得对这个教师的打击挺大的。在一些老的学校，职称的确成为阻碍教师发展的一个重要因素。好在现在有教师交流这个方式，为了评职称，我们可以寻找机会到新的学校去，为自己评职称找到一条新路。

按照班杜拉的社会学习理论，除了直接经验的学习外，人类另一种重要的学习方式是通过观察他者的行为而产生学习，即间接经验的学习。当这位骨干教师看到自己身边的同事在职称竞争中"铩羽而归"而意志消沉后，为规避风险，决定另辟蹊径，到新学校中寻找职称晋升的机会。但是，对于新学校来说，这又产生了新的不公平。

3."外来教师压队"

作为一所新学校的校长,甲校长提出,目前的教师流动制度在事实上又加剧了职称竞争的不公平。

> 现在我还发现一个问题,这个问题事实上是会影响教师交流的。按道理说,教师应当是普遍交流的,从职称指标紧张的地方流动到职称指标充裕的地方。但是对我来说,我认为不要给我随便从其他学校派教师来,有两层意思:第一,你派来的中年教师未必是好的,有可能带来不少负面的"经验";第二,一位中年教师来到我们学校,在职称和职务方面是压队的,一下子排到了我们在本校干了多年的优秀教师前面了,作为校长,我有义务保护好我的教师,外来教师压队会造成不公平。我要把道理讲给我的教师听,我要保护我的教师,把大家的岗位空出来,把发展的机会留给我们自己的教师,毕竟我们的成绩是他们辛辛苦苦干出来的。对于我来说,我可以自己培养青年教师,岗位可以空出来,大家按顺序排嘛。所以,一个政策里面会有很多的细节问题。

4."其实就是为了评职称才去流动的"

关于教师流动,作为重点学校校长,乙校长是这样说的:

> 我们的教师其实是不愿意交流到其他学校的,家里有老人、孩子,都要照顾,一下子工作地点就远了,其实就是为了评职称才去流动的,职称评审中有这一条的要求。流动过去了以后,人家都知道你是临时来的,其实发挥不了什么作用的,两年后,教师流动回来却又发现,自己又跟不上原来所在学校的步伐了。

可见,当前的这种竞争制度及其形成的竞争文化会造成两种危害:一是人与人之间变得冷漠,公共德性被挤压,在"零和博弈"的规则中,教师之间真正的、真诚的合作失去根基;二是教师专业本身的复杂性与丰富性变得数字化、程序化和机械化,情怀与创造失去根基,自我生命也无法舒展。总之,从目前的情况看,以筛选和淘汰为目的同级竞争制度已经成为教师发展的障碍之一。

二、困于失去激励作用的绩效管理

目前的小学教师发展制度，无论是晋升职称还是校内的考核评价，都是以绩效作为依据的，多劳多得，以激励所有教师认真工作、积极进取。从表面上看，这是公平的，但是在复杂的现实情境中，这种绩效管理却遇到了各种难题，不仅没有起到激励作用，反而产生了新的负面效应。对此，校长最有发言权。

1."一篇论文和一个荣誉，怎么打分？"

晋升职称的标准是否科学、规范、合理，这是一个问题；如何去执行这个标准，执行标准的过程是否公平、公开、公正，这又是另外一个问题。评职称的过程也是一种绩效考核，执行这个过程看似简单，但在实际操作中非常复杂。甲校长在谈到这一现象时，举了一个例子来说明职称晋升时对"绩效"进行量化的困难。

> 职称晋升的条件在哪里，大家都对照了，这个没问题，但是对照过程就会有公平和不公平的问题了。比如说，同样是论文，你写了五篇，我写了四篇。你比我多一篇论文，但我比你多一个荣誉，这个怎么量化？对于一篇论文和一个荣誉怎么打分？凭什么规定呢？当过校长的人都有这个困惑。

2."砸人家饭碗的事情我能做吗？"

我国已全面施行中小学教师资格定期注册制度，也称教师的退出机制。问卷调查发现，有约一半的小学教师认为没有必要实行中小学教师资格定期注册制度，也就是说，他们不希望打破教师的"铁饭碗"。关于教师退出机制在基层的落实情况，甲校长持不乐观的态度。

> 法律上规定学校有辞退教师的权力，但现在的情况是，教师基本不会被学校辞退，校长是不敢得罪教师的，不能过于树敌，过于树敌

会很麻烦。虽然教育部规定教师考核有退出机制，但谁考核谁呢？从另一个角度看，辞退教师，教师就失业了，那他的家庭怎么办？

青年教师壬老师说：

校长肯定不会做开除教师的事情，他评我们，我们也要评他呀！区里会定期组织我们给校长打分，他要是开除我们，我们就先"开除"他。

中国社会是一个情感社会，用打破"铁饭碗"的退出机制来加强教师管理，无论是从人们的情感上还是从社会习俗上来说，都是一个破旧立新的过程。

3. "绩效工资实施中遇到了难题"

2009年，我国开始实施义务教育学校绩效工资制度，其本意是"以绩取酬"，奖勤罚懒，以激发每一位教师的积极性，努力实现组织目标。但是，这种典型的工业管理思路在教育领域实施时，却遇到了一些难题。甲校长说：

教育不是工业化生产，教师干得好不好，谁能说得清楚？以学生成绩为标准，教师会说"我这个班的学生基础差"；如果问为什么要这么做，教师会说"我有我的教育理念"；如果问这次学生为什么没考好，教师会说"我放长线钓大鱼，更符合规律"……他们总能找到道理，所以评价教师是一个难题。公办学校教师的钱是国家给的，校长凭什么扣教师的钱？这一点和民办学校完全不同。我的做法是，实施绩效工资前也是要有考核制度的，在原有的考核制度中，如果两个岗位相差3000块钱，那么在实施绩效工资之后，我还让这两个岗位相差3000块钱。因为老师们在心理上已经接受了这3000块钱的差额，所以我保持住这一平衡就可以了。

癸副校长在学校分管工会工作多年，在谈到绩效工资时，他说：

> 刚开始实施绩效工资时,我们学校是按教育局的要求,每个人拿出年绩效工资的30%用于全校的年终考核。但操作下来,成熟教师不干了,因为成熟教师写论文写不过年轻教师,她们的钱都被年轻教师分掉了。2014年,我们又改了,无论工龄长短,每个人都拿出8000元来作为绩效,但是年轻教师又觉得吃亏了,因为她们的工龄短,本身的工资就很少,现在一下子拿出8000元,不少年轻教师通过绩效都拿不回这8000元。因此绩效工资制度很难执行。

教师工作的独特性就在于其工作对象是学生——正在成长中的人,而人是最复杂的,人的成长难以测量。这与工业化的机器生产完全不同,用工业化的管理思路来评价教师的劳动,其科学性和合理性值得商榷。公办学校教师的工资是由政府拨款,但绩效工资的考核却在校内,于是矛盾全部都集中到校长身上,校长不堪重负,为了绩效而绩效,造成校长所说的"人斗人"现象。小学教育以教育公平和均衡发展为首要目标,如果连学校内部的教师之间都实现不了公平与均衡,那么小学教育的目标就更难实现了。

4."教师工作评价是个大难题"

既然绩效工资制度在执行过程中遇到这么多问题,那么,多劳多得的分配精神在公办小学内又能通过什么途径来体现呢?甲校长如是说:

> 最简单的多劳多得是课时,我上了17节课,你上了19节课,你比我多2个课时,1节课20元钱,你比我多40元钱,这是可以接受的,没问题,但是还不能给太多,因为给太多的话,教师就会争着上课,其他事就没人做了。要是全部量化,学校的事情那么多,就会变得无比繁琐,帮学校跑个腿,把学生送到医务室,还有听课笔记,我听了20节课,他听了10节课,要不要体现?到最后,就是什么事都算成钱,邀功请赏。而且事情根本记不全,会造成"人斗人",陷入怪圈,这很可怕。新一轮的绩效评价又要开始了,对此我也是打一个大大的问号。教师工作评价是一个大难题。
>
> 所以,现在校长是"戴着脚镣跳舞",经济手段已经刺激不了教师了,真的只有靠情怀,如果连校长都没有情怀,这所学校肯定是一塌糊涂。教师为什么跟着校长干,是因为看到自己的校长为了这所学

校多么辛苦，看到校长这么辛苦，自己当然也得承担一些。另外，校长要保护好自己的教师，我会和教师讲，从明年开始，外校的成熟教师我不要，为什么，是为了把位子留出来给你们，那么教师肯定感动，认为校长处处考虑自己啊！我要依靠的是本校教师。我们学校青年教师发展得都很快，晚上8点还在办公室，为什么？就是看到我们学校是有前景的，领导来调研时说的话，我都记下来反复讲给教师听，要增加教师的信心。如果校长自己都没有理想，没有情怀，何谈影响周围的人啊？否则，工作就是为了养家糊口的这种气息很容易蔓延，因为他们看不到希望，看不到作为，看不到教育的真正意义。

现在调动教师的积极性一定是要用教育情怀，靠物质来调动已经失效了。第一，调动不了。第二，看钱做事。一旦陷入这种看钱做事之中，这所学校就管不下去了。所以在考核上，我历来主张不扣分，因为扣了也没用，十元八元的，扣它干什么，教师最后会说："大不了扣钱呗。"所以，制约或影响教师发展的第一个因素就是师德，而现在教育管理部门往往将师德放在第二位，把专业放在第一位，好像师德无法量化，不好抓。讲来讲去，对教师发展影响最大的因素是师德。一名好教师一定是师德高尚的教师。

可见，绩效之困体现在用量化的方式评价教师劳动本身的不合理性、不科学性上。在绩效管理制度中，教师直接奔着那个可见的目标去，却忽略了那些能够真正促进学生成长的长期的、隐性的那些方面，一年一度的绩效考核使教师失去了"十年树木，百年树人"的耐心，失去了与同事合作的友善，也失去了对教育教学创新的热情，最终受损的还是学生——我们国家和民族的未来。小学教育中主张用形成性评价来评价小学生，这样的思路也可以用在教师评价中。访谈中我们发现，在宽松的学校氛围中，用动态的、发展的眼光对教师进行持续的形成性评价，"不做减法而是做加法"，以鼓励为主，这种思路最能让教师接受并能真正起到激励作用。在物质激励已经走入末路的时候，能够激励教师进取的必须也只能是精神力量，从物质到精神是一种进步，也是一种回归。

三、困于缺失需求评估的教师培训

官方组织的教师培训是促进教师发展最直接、最明显的力量。在实践中，教师培训对于教师发展究竟起到了怎样的作用？这也是本次访谈想得到答案的问题之一。

1. "各级各类培训中有多少是教师需要的培训？"

根据成人教育和成人学习的理论，有效的成人培训一定要以学习者为中心。在教师进修学校工作了 12 年的丙副校长认为，现实与理想的差距非常大。

> 我在进修学校待了 12 年，国家对教师的继续教育非常重视，在经费上也非常支持，各级各类的教师培训，如学科的、专题的、专家引领的、网络的，真的是如火如荼。对于大多数教师来说，他学到了什么？当然，也有教师是认真学的，但这只是少数。大多数教师是没有认真学的，或者说大多数教师是没有收获的，教师其实是意识到了这个问题的，他们是最有感触的。为什么教师在培训之后还是老样子？一是他们不愿意改，即使学到了也不愿意改；二是参加培训之后什么也没有学到，就更不可能改。现在如火如荼的各级各类培训是教师本身的、内在的一种需要吗？我个人认为，现在的培训有 90% 是为了培训而培训。

目前很多教师培训前期往往没有进行需求培训，忽略了不同属性教师的不同特点与不同需求，而这会直接影响到培训的实效性。

2. "最烦恼的是双休日让我们参加培训"

己老师是一位刚工作 1 年的数学教师，她认为教师培训中让她最烦恼的是培训经常安排在双休日。

> 最烦恼的是双休日让我们参加培训。我和苏州的同学约了好久了，可是每个双休日都让我们参加培训，就周六半天参加培训也挺烦恼的，半天就意味着一天就没有了。上上周培训的内容是听报告，报告是关

于职业素质发展的；上周培训的内容是考试，根据上上周的职业素质发展的报告开展考试，事先告诉了我们考试重点，开卷考。连续几周都安排了培训，你想，我们好不容易有个节假日，结果全都用来参加培训了。再说也没有效果，开卷考试没有作用啊！但不去又不行，教师要签到的，所有的培训都要求教师签到。有不少人在低头玩手机，我觉得培训最好安排在上班时间的下午，我们通过调课都可以去参加，安排在周末的话，真的让我不开心，好不容易盼来双休日，却还要参加培训，特别是有家庭的教师更加不开心。

辛老师是一位工作了3年的英语教师，她说：

各种培训方式中，听课最直观，比听讲座更直观，也更有效。而且听课占用的是工作时间，不占用双休日时间。这学期以来，区里的英语培训都会占用双休日时间，而且是整整一天。说实话，我们周一到周五起得也比较早，一天到晚和叽叽喳喳的小孩子在一起，头都快要炸了，就想星期六、星期日在家睡个懒觉。遇到星期六培训，又要早起，就会觉得特别不情愿。有一次我偷懒没去，结果就被反馈到学校，其实那次我是找人代我签到的，可能那天是一个一个点名对照的，就发现我没去，结果就反馈到了学校，主任找我谈话，让我下次不要这样了。

问卷调查显示，在工作时间内进行培训是小学教师最认可的时间安排，其次是半脱产、全脱产学习，而节假日培训是小学教师最不认可的时间安排。访谈调查又一次证实了这一发现，主办方将培训的时间安排在双休日，引起了教师的抵触情绪，遑论收到成效。

3."反思是写给自己看的，论文是要交上去的"

己老师是一位刚工作1年的数学教师，在谈到论文写作时，她这样说：

我早上6：40出门坐公交，7：20到学校，晚上5：00下班。看书、写东西只能在晚上，因为白天我先要上课，然后给出新的作业单，改前一天的作业，还有一些小孩不愿意写作业，我会把他们叫到办公室做作业，他们一边做作业，我一边批改作业单，再发现问题。

第一年，我的论文和课题都交上去了，这次我报的论文是"请放下手中的橡皮"，是向南京市教育科学研究所申报的，每个老师都要申报。每学期要写2000多字的论文，对我来说，这是个负担，因为我文笔不好，抠这些字对我来说有点困难。论文对我的作用不是很大，我也没有写论文的冲动。我经常写反思，可是要把一小点的反思扩写成论文，对我来说是蛮困难的。反思是写给自己看的，论文是要交上去的。与我一起进来的另一名教师文笔很好，她拿了区里一等奖，我什么奖也没有。

工作了11年的音乐教师戊老师说：

现在要求更高了，以前是获得市里论文三等奖就够了，现在要获得二等奖以上才行。如果不获奖，就要发表论文。此外，还要拿课题，自己设计一个课题，先报到区里，再由区里报到市里，市里觉得合适，就给你立项，没有经费，但有个证书，证明你立了项了，但是立了项却不一定能够结题，结题还需要交一篇结题报告和一篇论文。这样的话，我平时就要有意识地将工作与课题相结合，虽然做的过程挺有意思的，但是最后的报告和论文要自己写出来，太花时间了。

工作了3年的英语教师辛老师说：

写论文、做课题是最让我头疼的事情，因为我不知道怎么写，而且每次写了之后也获不了奖。每学期基本都要写，一般是结合自己的专业和教学，我刚报的课题是"生本教育在低年级的运用"，现在教师评职称都需要这个的，这是硬性条件。我还有两年就要评中级职称了，要有开公开课或讲座的证书，论文至少是二等奖，还要有课题，现在我啥也没有，争取吧！

同样是工作了3年的壬老师说：

3年来，我只有一次产生过写论文的冲动，现在写出来的论文都是为了完成任务。上班时很难找到时间写，只能用晚上和双休日时间写，像我们年轻教师目前还没有家庭和孩子需要照顾，还能写一点，像他们成熟教师要照顾孩子，根本没有时间写，到后面也就放弃了。

丙副校长这样说：

小学教师写出来的论文，真正有多少篇是能称为论文的？真的是有很值得推广的东西吗？

为了评职称而"抠"论文，而不是因为在工作时有所感悟而写作，这样的"教育科研"意义何在？教师反思必须要以论文的方式体现吗？这是访谈调查中呈现的问题。统一严密的考核评价和培训体系忽略和压制了教师的专业自由，教师培训是被纳入"计划"而自上而下地"落实"的。论文课题必须要符合某一个部门的要求，甚至出现了一些"评绩效就是拼论文"的荒谬想法等。所以，教师在官方培训的项目中始终处于被动的客体地位：项目开始前，没有人征求他们的意见，没有人问他们需不需要培训，或者需要怎样的培训；项目过程中，也不需要他们去想象、冒险和质疑；项目结束后，更无追踪调查来了解一下教师对项目的感受以及对未来培训的要求。如是者一再反复，诸如此类的项目难以激活教师热情、执着、坚毅的品质，教师也不可能获得真正的专业能力。

综上所述，以筛选为目的的竞争制度、失去了激励作用的绩效考核、缺失了需求评估的教师培训，都没有将教师视为一个自治、自由、爱学习、爱创造的主体。在这种情况下，一些教师培训与教研往往有名无实，教师疲于应付，情感上并未受到触动。

本章小结

本章通过对江苏省几位小学校长、副校长和教师的访谈调查，揭示了

第五章　小学教师发展影响因素的交互作用及其效用

小学教师发展各影响因素的交互作用及其效用。具体发现如图5-1所示。

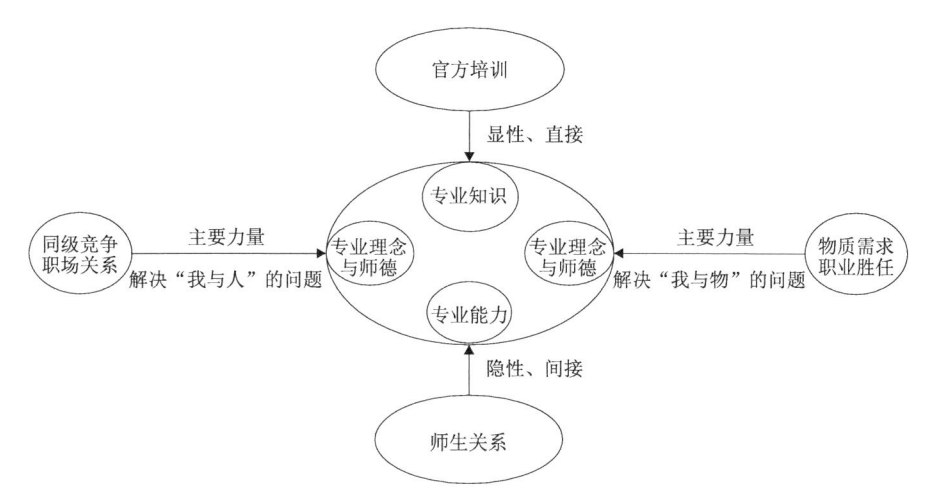

图5-1　小学教师发展各影响因素的交互作用示意图

首先，本章发现影响小学教师发展的六个因素之间存在着交互作用，具体体现在以下三点。

（1）同级竞争与职场关系两因素存在交互作用，体现在：目前小学教师之间关于职称的同级竞争是一种典型的、残酷的"零和博弈"，其对职场关系的作用基本上是破坏性的；以筛选为目的的同级竞争导致了职场关系的紧张，"职场关系"的紧张又加剧了"同级竞争"的激烈程度。

（2）物质需求与职业胜任两因素存在交互作用，两者的交集体现在绩效分数上。绩效分数高者，说明其在体制内工作的质与量都高，在体制内得到高评价，收入也高；绩效分数低者，说明其在体制内工作的质与量都低，在体制内得到低评价，收入也低。

（3）同级竞争与物质需求两因素存在交互作用，体现在：职称、荣誉等级制度是呈金字塔式的，等级越高，比例越小，教师的竞争越激烈，收益也越大，而且竞争胜出的红利将延续至退休以后。

其次，本章具体分析了影响小学教师发展的各因素在现实情境中发挥作用的过程与机制。

（1）同级竞争和职场关系主要解决的是"我与人"的问题，它们是影响小学教师发展的主要因素，在很大程度上决定了教师的个人目标设置，突出表现在其对教师专业理念与师德的影响上。

（2）物质需求和职业胜任主要解决的是"我与物"的问题，它们也是影响小学教师发展的主要因素。在工具理性的支配下，专业理念与师德这些无法测量、无法兑现的方面成为"良心活"。

（3）官方培训是影响小学教师发展的显性、直接力量，突出表现在其对小学教师专业知识和专业能力发展的影响上，应当通过满足教师的内在需求实现对其能力的开发。小学教师最期望的培训形式是工作场所中的、工作时间内的小组学习，最典型的方式是"我上课，你来评"，最讨厌的培训时间是节假日。

（4）师生关系是影响小学教师发展的隐性、间接因素，突出表现在其对小学教师专业能力发展的影响上。小学教师要具备与家长进行有效沟通与合作的能力，这是对其专业能力的新挑战与新要求。

最后，本章分析了当前小学教师发展遇到的困境，体现于三个方面：因为以筛选为目的的竞争制度；因为失去激励作用的绩效考核；因为缺失需求评估的教师培训。教师将主要精力放在了处理"我与人""我与物"的关系上，这让教师将绝大多数的精力放在了服从外在的规定上，挤压了其自我探索的自由空间，从而造成个体生命内在目标的缺失，难怪许多教师在评上职称、拿到荣誉后，在专业上就停滞不前、无所用心了。统一的、缺乏实效性的官方培训、考核标准、职称阶梯使得教师无暇进行"我与自己"的自我探索，遮蔽了教师个体内心鲜活的想法，教师的个性无法得到自由释放，也就无法真正实现教育的真谛。"他山之石，可以攻玉。"下一章将引入域外经验，以期对我国小学教师发展有所启示。

第六章

来自美国加利福尼亚州公立小学教师发展的参照及启示

改革开放以来,"教育要面向现代化,面向世界,面向未来"成为中国的教育指导方针。美国是联邦制国家,其多样性的非均衡发展与中国教育的大一统格局正好形成对比。笔者于 2015 年 1 月—2016 年 1 月在美国加利福尼亚大学伯克利分校教育研究院做访问学者,借此机会对美国加利福尼亚州旧金山地区的公立小学教师发展现状开展了实证调查,目的在于取长补短,"择其善者而从之"。

第一节　调查背景与调查过程

本节从美国小学教育的基本类型和基本数据、小学教师的工作要求和入职要求两个方面来说明本次调查的背景,并呈现具体的调查过程。

一、调查背景

(一)美国小学教育的五种基本类型和基本数据

美国小学教育有五种基本类型:公立学校(public school)、特许学校(charter school)、私立学校(private school)、天主教学校(catholic school)以及在家上学(home schooling)。

公立学校是指由政府开办及管理的学校。公立学校免收学费，但是家长通常会付一些费用，以用于体育或音乐等选修课程。公立学校不得以学术条件为理由拒收学生。公立学校一般禁止进行任何宗教教育。①

特许学校是指办学经费来源于社会资助，但可以自由、独立地运作，使其成为有别于普通公立学校的一种创新性的学校类型。②特许学校也免收学费，向所有儿童开放，没有特别的入学要求。特许学校拥有比公立学校更大的自主权③，其性质是公私兼具。

私立学校是指由私人实体开办的学校，它不附属于任何政府机构。私立学校可以自行设置本校的录取标准（例如，一些私立学校会通过学业水平测试挑选学生），几乎所有私立学校都收取学费。

天主教学校是由天主教教会开办的学校。截至2011年，天主教会经营着世界上最大的非政府学校系统。天主教学校肩负着传播上帝福音的使命，其课程体系将宗教教育与学科教学进行了整合。与公立学校的不同之处在于，天主教学校努力培养学生个体的天主教信仰，宗教教育是其课程体系的核心。④

在家上学是指父母或一个指导者在家教育孩子（在许多情况下，父母组织联盟开展合作）。在美国，在家上学是合法的，但是在家上学的孩子以及私立学校的学生需要通过国家相关的测试。在家上学往往是出于反对公立学校课程以及宗教的原因。此外，还可能是由于一些家长担心标准化的学校环境会对其孩子的心理造成伤害。⑤

美国小学学制有地方差异，为6～8年不等。美国小学教育阶段的具体年限由各州和各地方自行决定，一般指K级（kindergarten，在美国指上

---

① Wiki.American school system[EB/OL].（2014-06-28）[2015-07-12].http://c2.com/cgi/wiki?American SchoolSystem.

② Wikipedia.Charter school [EB/OL].（2018-10-12）[2015-07-12].https://en.wikipedia.org/wiki/Charter_school.

③ National Alliance Public Chart School.What is a charter school[EB/OL].（2014-02）[2015-07-12]. http://www.publiccharters.org/get-the-facts/public-charter-schools/.

④ Wikipedia.Catholic school [EB/OL].（2018-09-26）[2018-12-20].http://en.wikipedia.org/wiki/Catholic_school.

⑤ Wiki.American school system [EB/OL].（2014-06-28）[2017-07-12].http://c2.com/cgi/wiki?American SchoolSystem.

第六章　来自美国加利福尼亚州公立小学教师发展的参照及启示

小学的前一年，即幼小衔接的一年）到六年级，但不会超过八年级。①美国教育改革中心公布了 2016 年美国小学的基本数据，笔者对具体指标进行了整理，如表 6-1 所示。

表 6-1　2016 年美国各类型小学基本数据

类型	小学数量 / 万所	在校学生数 / 万人	专任教师数 / 万人	生师比	学费 / （美元 / 年）
公立小学	6.67	3518.2	171.98	16.0∶1	免学费
特许学校	0.64	无单独的小学生人数统计	7.20	14.8∶1	免学费
私立小学	1.97	397.70	24.5	12.5∶1	7770
天主教小学	0.56	148.16	8.87	—	5330
在家上学	—	—	—	—	—

资料来源：Center for Education Reform.K-12 facts[EB/OL].（2017-02）[2019-02-10]．https://edreform.com/2012/04/k-12-facts/

美国公立小学经费来源如下：12.7% 来自联邦政府，43.5% 来自州政府，43.8% 来自本学区。②

（二）美国公立小学教师工作要求和入职条件③

一般来说，美国小学教师指从幼小衔接级到五年级的教师，有时也包括学前班（pre-kindergarten）和六年级的教师。小学教师需要根据国家课程标准进行备课、授课以及指导和评价学生。美国小学教师属于全科型教师，即一位教师负责一个班几乎全部课程的教学，所以每位小学教师都需要具备进行多学科教学的能力，如阅读、写作、英语、科学、数学和社会研究等。此外，小学教师还必须具备一定的耐心，对小学教师来说，仅仅会开展教学

---

①　Kena G，Musu-Gillette L，Robinson J，et al.The Condition of Education 2015[EB/OL].（2015-01）[2018-12-20].http://nces.ed.gov/pubs2015/2015144.pdf.

②　Center for Education Reform.K-12 facts[EB/OL].（2017-02）[2019-02-10]. http://edreform.com/2012/04/k-12-facts/.

③　Center for Education Reform.K-12 facts[EB/OL].（2017-02）[2019-02-10]. http://edreform.com/2012/04/k-12-facts/.

是不够的，更重要的是，要能为家长提供关于孩子的各种细节，以帮助家长更好地理解其孩子在未来将面临的需求、机会和挑战。

根据美国劳工统计局的要求，美国公立小学教师入职要求（表6-2）如下：公立小学教师需要具有学士学位和其所执教州的教师资格证书。

表6-2　美国公立小学教师的入职要求

学位要求	学士学位
专业	教育；小学教育各学科
工作经历	可以是新人，但绝大多数雇主希望有一些工作经历
教师资格证书	必须通过州立考试以胜任小学教师一职；绝大多数州要求教师有教育实习的经历
关键技能	具备育人的天性[①]；耐心；创造力；同情心；会使用教育软件；会使用办公软件、电子表格；教育技能；班级管理和组织能力

二、调查过程

本次调查基于问卷所得的小学教师发展的六大影响因素（同级竞争、物质需求、职业胜任、职场关系、官方培训、师生关系）而展开，实地调查美国学校在这六个方面的做法与经验。

调查范围是美国一所大学以及四所小学的小学教师发展实践，调查对象有小学校长、小学教师、大学教授以及正在参与大学教育发展项目的小学教师及准教师。2015年2—6月，笔者在美国旧金山地区的一所小学做课堂观察，并对小学校长、小学教师和家长进行访谈；2015年7—8月暑假期间，正值美国加利福尼亚大学伯克利分校的教育学院举行小学教师发展项目，笔者与参加该项目的19位小学教师在一起学习"儿童社会性和道德发展"这门课程，并做参与式观察；2015年9—11月，笔者非参与式观察小学教师发展项目的招生宣传推广活动，并跟随该项目暑期的两位小学教师进入两所小学，观察他们在小学的现场学习，访谈在职小学教师；2015年12月，笔者到第四所小学开展课堂观察，访谈在职小学教师。具体如表6-3所示。

[①] How to become an elementary school teacher [EB/OL].（2015-01-10）[2017-07-20].http://study.com/how_to_become_an_elementary_school_teacher.html.

第六章 来自美国加利福尼亚州公立小学教师发展的参照及启示

表 6-3 访谈调查表

时间	地点	调查方法	调查对象	研究问题
2015年 2—6月	海景小学	访谈法	小学校长（A校长）	（1）小学教师发展的目的与做法是什么？ （2）小学教师之间的关系怎样？（同级竞争） （3）小学教师的收入水平怎样？（物质需求） （4）如何评价与考核小学教师？（职业胜任） （5）小学教师与同事、校长的关系怎样？（职场关系） （6）促进小学教师发展的制度及项目有哪些？（官方培训） （7）小学教师与学生及其家庭的关系如何？（师生关系）
		参与式观察	家长教师联合会主席（B妈妈） 二年级小学教师（C老师）	
2015年 7—8月	美国加利福尼亚大学伯克利分校教育研究院	参与式观察	主持该项目的大学教授（D教授）及参加本次项目的实习教师（E学员，F学员）	
		内容分析	教师发展项目的书面材料	
2015年 9—11月	城市玫瑰小学	访谈、参与式观察	K年级小学教师（G老师）	
	康奈尔小学	访谈、参与式观察	二年级和三年级混合班的小学教师（H老师）	
	美国加利福尼亚大学伯克利分校教育研究院	非参与式观察	小学教师发展项目的招生团队（I博士）	
2015年 12月	卢迪桥小学	参与式观察、内容分析	四年级和五年级混合班的小学教师（J老师）	

第二节 基于六大影响因素的调查发现

本次调查基于同级竞争、物质需求、职业胜任、职场关系、官方培训和师生关系这六大影响因素，采用访谈、观察、内容分析等研究方法，对通过多种途径所获得的资料进行相互比照和验证，有如下发现。

一、在同级竞争因素上的特点

美国公立小学教师的聘任与管理完全由学区与校长负责，没有联邦层面或州层面的职称制，对小学教师不做高低意义上的层级划分。对于"在公立小学内，教师之间有竞争关系吗？"这一问题，校长最有体会。笔者对一位美国公立小学校长进行了访谈。这所小学位于旧金山附近的奥尔巴尼学

小学教师发展影响因素研究——基于江苏省的调查

区，在旧金山地区有着非常好的口碑，属于优质教育学区，学区内的居民以白人和亚裔为主。A校长年纪约40岁，白人，女性。

笔者：作为校长，您是如何激励教师进行专业发展的？学区和学校对小学教师划分层次吗？小学教师之间为此存在竞争关系吗？

A校长：绝大多数教师愿意当教师，是因为他们喜欢孩子，喜欢教学，喜欢这种生活方式。对教师专业学习的回报，是给予他们更多的话语权、更多的力量，让教师决定自己的方向。国家决定了我们要去的目的地，而我们能决定怎么到达目的地——教师有权利选择课本、选择课程、选择进度，我们只需要到达目的地即可。教师的权利在于能够参与决策过程，这就是对教师的奖励。允许他们有时间去规划职业生涯，给他们学习科技的工具，给他们提供安全的环境，给他们提供各种帮助，这些都是对教师学习的激励。我们不会用支票，不会用金苹果奖[①]，也不会用象征性的酬谢去激励教师。

小学教师的薪酬中已经包含了他们到大学参加教师发展课程的费用。例如，对于一名新进教师，他们在入职之前已经有了45个学时的专业学习经历；当入职后完成了60个学时的大学课程时，他们的收入就会提高一个档次；当完成了90个学时的大学课程后，他们的收入又会提高一个档次。小学教师到大学里去学习并拿到硕士和博士学位是有资金回报的。当小学教师拿到硕士学位时，他们就有机会成为学校的管理者；当小学教师拿到博士学位时，他们就有机会成为校长。小学教师的薪酬随着他们到大学进行专业学习课时的增加而增加，我们希望教师都能如此。但是，到大学进行专业学习并不是对教师做出的硬性要求。

小学教师没有层级上的差别，只有薪酬上的差别。小学教师专业学习课时增多了，薪酬会相应提高；小学教师的教龄增长了，薪酬也会相应提高。我们对小学教师没有层级上的划分。

笔者：小学教师需要发表学术论文来证明自己的专业水平吗？学区会组织"青年教师赛课"这类活动吗？

A校长：小学教师不需要写学术论文和发表论文，中学教师也不

[①] 英文为golden apple，在美国俚语中，学生将金色的苹果放在教师的讲台上以示对教师的尊重与赞颂。

第六章　来自美国加利福尼亚州公立小学教师发展的参照及启示

需要，写论文是大学教师的事情。小学教师会学习一些专业提升方面的课程，以提高他们的教学水平，但他们不需要写论文。

我们没有让教师比赛上课的做法，也许教师会在内心里比较，我也会在内心里有个比较，但是我们不举行这类比赛。一般来说，我们希望促成教师之间的合作，有人这样教，有人那样教，大家就可以分享彼此的教法并且互相学习，因为我们所有的努力都是为了让孩子能够从中受益。如果我们通过赛课，说这位教师比那位教师教得好，那么学生就会产生这样的想法：我是这个好教师班上的，而你不是。所以，为什么不进行教师之间的合作，让所有人都能够得到提升呢？

可见，在同级竞争因素上，美国的做法是：官方不评定小学教师级别，不要求小学教师发表论文，不举办小学教师之间的赛课，以避免小学教师之间的竞争；小学教师发展是教师个体自我选择、自我负责的一项自我投资，是自己的事情。学区和学校的规则就是将小学教师发展与其收入直接关联：当完成了 60 个学时的大学课程时，他们的收入就会提高一个档次；当完成了 90 个学时的大学课程时，他们的收入又会提高一个档次。一旦拿到了硕士和博士学位，他们不仅有资金上的回报，还有机会晋升为学校的管理者和校长。所以，小学教师的竞争对象不是同事，而是自己。小学教师以非常认真的态度投入到学习中，以期在将来的职业生涯中获得回报。从这个角度看，美国的学历类似于中国的职称。但是，它与职称的不同之处在于：教师拥有自主选择权。

二、在物质需求因素上的特点

在美国，收入是衡量一个行业专业水平的重要标志。截至 2015 年 11 月 9 日，美国公立小学教师平均的年工资收入为 41 440 美元，最高的年收入是 65 047 美元，最低的年收入是 29 347 美元。私立学校小学教师的平均年收入是 36 250 美元。决定小学教师收入的四个因素是就职小学所在地区、教学经验、教学能力及雇主因素。从 2012—2013 年度美国劳工市场统计数据看，公立小学教师、学区管理者、小学校长及校内其他专业人士在收入上的差距非常明显。[①]

笔者将公立小学中相关人员的收入从高到低排序，并进行整理，具体如表6-4所示。

表6-4 美国公立小学教职工收入一览表

公立小学相关人员		收入/美元
年收入	学区主管	161 992
	校长	89 951
	副校长	71 192
	专业人员（学校护理）	65 470
	专业人员（图书主管人）	55 370
	专业人员（咨询师）	53 610
	教师	49 630
	秘书	35 330
	会计	35 170
	教师助理	23 640
时薪	看门人	10.73
	食堂人员	8.84
	校车司机	14.21
	图书馆馆员	12.89

注：最后四行数据非人均年收入

从数据来看，美国公立小学教师的收入与小学校长、学区管理者的差别非常大，这与中国的情况完全不同。为此，笔者对小学校长和小学教师进行了访谈，以调查美国公立小学教师的收入水平、均衡性及满意度。

笔者：在您的学校内，新进小学教师的收入如何？

A校长：一般来说，新进教师的收入因人而异。我们学校新进教师的平均年收入是36 000美元。特别是在加利福尼亚州，物价很高，

[①] Payscale. Average elementary school teacher salary[EB/OL].（2015-11-09）[2015-12-03].http://www.payscale.com/research/US/Job=Elementary_School_Teacher/Salary.

第六章　来自美国加利福尼亚州公立小学教师发展的参照及启示

新进教师的收入不是很高，我们正在想办法使这一情况变得好一些。但是，州政府决定了教师工资的多少，我们会与学区进行对话与协商。医疗保险等是一大块支出，每年约 20 000 美元，如果教师自己缴纳的话，会是很大的一笔费用，我们学区会为教师支付这笔费用。另外，我们还会为教师支付 15 000～20 000 美元的儿童医疗保险，所以，包括医疗保险在内，小学教师的实际年收入是 55 000～60 000 美元。

笔者：加利福尼亚州内部小学教师的收入相同或相似吗？小学教师对自己的收入满意吗？

A 校长：在加利福尼亚州，从 K 到 12 级（K-12 指美国整个义务教育阶段）的新进教师薪酬在每个学区各不相同，因为每个学区与其教师所签订的合同都是不一样的。奥尔巴尼学区与小学教师签订的合同和奥克兰学区不同，也和伯克利学区不同。[①] 不同学区的教师之间的薪酬差距有多大？这很难说，主要取决于学区是否为教师支付其医疗保险费用。如果这个学区不为教师支付其医疗保险费用，那么教师实际到手的钱就多一些。而我们学区为教师支付其医疗保险费用，那么教师实际到手的钱就相对少一些。教师对自己的收入很不满意。

笔者：会有好教师集中到好学区的现象吗？

A 校长：在我们国家，我们强调选择——我要选择，我要自己决定自己的路。教师会依据自己所居住的地方决定自己任教的学区，例如，我住在奥尔巴尼地区，我就会选择在奥尔巴尼学区内的学校当教师。很多教师喜欢到我们学区来。政府无法保证不同学区师资的均衡分布：有的学区非常不好，因为他们没有足够的资源，学生有很大的需求，但苦于没有足够的教育资源，这使得教师的工作变得很有压力；而有的学区则非常好，他们有很多的资源，学生能得到很多的关照，这使得教师在工作中能体验到乐趣。

笔者还就收入问题采访了两位正在参加小学教师发展项目的学员——E 学员和 F 学员，她们都是二十多岁的大学毕业生，女性，正在参加加利福尼亚大学伯克利分校的项目，以期获得硕士学位和州教师资格证。E 学员是正在参加加利福尼亚大学伯克利分校教师发展项目的学员，她是墨西哥裔混

[①] 奥尔巴尼、奥克兰与伯克利都是围绕在美国加利福尼亚大学伯克利分校的三个地理位置非常接近的学区，但是教学质量差别很大。

血女孩，本科专业是儿童发展，在加利福尼亚大学伯克利分校攻读硕士期间，获得了学校的奖学金和私人的助学金，她告诉笔者，能受到资助的人其实是非常少的，她算是幸运的。F学员是一位美籍华人，本科专业是人类发展和新闻学。

  E学员：我们教师中受到资助的人是极少的。绝大多数教师需要全额缴纳加利福尼亚大学伯克利分校的所有学费。在我们到大学学习期间，大约是15个月，学校也不给我们发薪水。我们在没有薪水的情况下，还要自己支付房租及其他费用，这就是我到现在还没有买车的原因。

  F学员：当我的同学听说我要做小学教师时，他们说："你真可爱。"其实他们是想说，你怎么会愿意去做小学教师呢？我愿意当小学教师是因为我喜欢教小孩子。我知道当小学教师不会让我赚钱，但是我喜欢。

可见，在物质需求因素上，小学教师收入显著地低于小学校长和学区管理者，虽然小学教师之间没有级别上的差异，但是从如此大的收入差距来看，小学教师的地位明显低于小学校长和学区管理者。在美国，教师发展是教师个体为谋求更好职位的一项高消费，从表6-4来看，教师的年平均薪酬约为4.96万美元，而教师发展项目花费约4.6万美元，并且还要耗时一年多。所以，对于正在求职中的教师来说，这的确是一项高额自我投资，但是其回报也是丰厚的。所以，一些条件好的、有远见卓识的年轻人宁愿放弃1～2年的工作年薪而来到大学提升学历，以期将来能获得高职位、高收入，这是一种理性的投资行为。

三、在职业胜任因素上的特点

  笔者在江苏省所进行的量化调查显示，职业胜任与评价制度高度相关。在美国没有职称制的情况下，校长如何评价与考核教师？这是本次调查的一个重要方面。

  笔者：作为校长，您有权利选择决定谁能在您的学校当教师吗？

第六章　来自美国加利福尼亚州公立小学教师发展的参照及启示

A校长：学区有权利决定雇佣哪位教师在学区内任教，我会举行面试，挑出我认为最好的教师，我有权利选择我认为好的教师来任教。

笔者：作为校长，您在每个年度或是周期会评价每位教师的表现吗？如果有评价，标准是什么？

A校长：我不是每年都评价教师。只有对于新教师，我才会进行每年一次的评价，新教师是指有2～3年教龄的教师。对于他们，我会做出两种观察：一是他们给我的教学计划；二是我会亲自到他们的课堂上去看，然后我们一起讨论教学效果。一年之内，我会对新教师做两次这样的观察，在观察的基础上评价教师，并在每年的年末给出最终的评价意见。对于在我们学校有3年以上教龄的教师，这样的评价我每两年做一次。作为这所学校的校长，我会对所有的教师做出评价，但是我对每一位教师的评价不会集中在同一年进行。与此同时，我也会对学校管理人员、秘书、家长教育工作者等人员进行评价。

笔者：您会奖励好的教师并且惩罚不好的教师吗？教师有退出机制吗？

A校长：我们很想奖励"好的教学"，但是我们很难单独地去奖励教师个体。我们会用这样的方式奖励教师：给他们机会进行专业发展。我们会奖励教师以一定的假期，让他们去参加高水平的教师团队发展项目，以提高他们的教学水平或者规划自己的职业生涯；我们还会给教师以一定的支持，比如，让他们的孩子得到更多的教育机会。我们并没有直接地奖励教师——你做得好就给你回报，因为"好的教学"太难界定了。

我们的做法是，基于学生的高学业成绩而奖励整个学校，让所有人注意到，是整个学校获得了荣誉，我们不会奖励教师个人。但是，我们会讨论具体的某个班级的学业成绩，为什么这些孩子会进步得快，这是怎么发生的。我们会讨论为什么那些孩子还在挣扎之中，教师又能为他们做些什么，教师应当采用哪些策略，在已经使用的策略中，哪些是有效的，哪些又是低效或无效的。我们希望所有孩子都能达到标准，但是有些孩子在标准之上，有些孩子却在标准之下，处于标准之下的孩子需要我们拉他们一把。如何支持和帮助那些在挣扎之中的孩子达到标准呢？这就需要我们的教育介入，所以我们有计算机项目、课后数学班、阅读实验室，这些不同方面的教育介入的目的就是帮助处于标准之下的孩子达到标准，这通常需要花 1~2 年的时间，在这 1~2 年的时间中，孩子们有了一定量的反复学习，这样能够帮助他们成长与发展。

什么是"好的教学"？"好的教学"有时指教师在课堂上传授给学生具体的技能；"好的教学"有时指我们使用的计算机教学软件能为孩子在课后提供很好的练习，并且寓教于乐；"好的教学"有时还指好的课后班。所以，"好的教学"并不一定全部是教师的功劳，它往往需要有很多人参与到教学工作中。"好的教学"肯定是很多人合作的结果。

我们对教师也有惩罚措施。如果我们发现有教师与其他教师吵架或打架、羞辱学生，或者与家长吵架或打架，或者迟到好几次，我会写信告诉他"准时是很重要的事情"，或者写信辞退他。

2014 年是美国基础教育国家核心课程标准在加利福尼亚州实施的第一年，加利福尼亚州政府组织了标准化考试来测试小学生的学术成绩，那么学生的学术成绩会成为评价小学教师工作业绩的一个新标准吗？对此，笔者访谈了一位教师——H 老师。她所任职的康奈尔小学是当地的一所重点学校，生源以当地人和亚裔移民为主。她所在的班级是 13 号教室，是二年级和三年级的混合班，其中，二年级 12 名学生，三年级 13 名学生，整个教室共 25 名学生，这也是康奈尔小学唯一的一个混龄班。H 老师是这个班的班级教师，51 岁，女性，白人，有两个正在上高中的孩子。她性格爽朗，教学风格活泼，多年来一直担任加利福尼亚大学伯克利分校小学教师发展项目的教学指导教师。H 老师说：

国家核心课程标准对我们来说是一个新事物，而且我们还没有受到多少与其相关的培训。就目前来说，我是尽量按照国家核心课程标准来教，但是这个考试内容还没有完全覆盖我的课程。说到教师评价，我们不会根据所教学生的分数而被评价。这种考试是新事物，总的来说，我们教师正在强烈地反对这种做法，即用局限性的考试来衡量小学生的成绩，因为考试太有局限性了！学生的学术成绩由很多方面的因素决定，说来话长了。我们学区允许我们使用加利福尼亚州的标准①，这个在网上有。我最基本和最主要的努力是将教学内容平等地传递给全班所有学生，这就需要教师去努力地平衡一些东西。是的，我需要让成绩高的学生能够继续往前走，同时，我也有责任确保那些正处于挣扎之中的学生也能够往前走。我用的一种方法就是提出"个别化问题"，这些问题都是基于每个学生现有的发展水平而提出的。你熟悉"最近发展区"（zone of proximal development，ZPD）这个术语吗，它就是这个意思。另外，我还为那些已经完成任务的孩子准备了不同的富于挑战性和刺激性的活动。这样我就有时间去帮助那些达不到标准的孩子了。当然，时间总是不够的，我不可能总是精确地为每个孩子提供他们所需要的教育。但是，朝这个方向努力一直是我的目标。

可见，在职业胜任因素上，其由校长来评价和考核教师，这是校长的专业自主权。校长没有用一刀切式的统一标准评价和考核教师，而是用自己的专业眼光进行判断，并根据每位教师的情况进行情境化的专业指导与帮助。在激励方面，校长将"自由发展"作为对教师的奖励，这是一种内在激励，并且奖励的是集体而不是个人，以最大限度地促成教师合作，共同服务于学生的成长。目前，形成的共识是，政府和学区不以学生成绩评价教师的工作，这使得教师能放手实践自己的教育理念，而不被学生的考试成绩所绑架或束缚。从 H 老师的话语中，我们可以感受到，当不被学生成绩束缚时，教师就可以拥有更大程度上的自由、自主和自信，他们就愿意发挥其主动性，想方设法地帮助有困难的儿童赶上来，从而促进班级内教育公平的实现。

四、在职场关系因素上的特点

在美国公立小学内，教师与同事、校长的关系怎么样？笔者在 H 老师的课堂上做了参与式观察，并利用午餐时间对她进行了访谈。

笔者：您平时与同事交流的时间多吗？你们是怎样合作的？

---

① Commission on Teacher Credentialing.California Standards for the Teaching Profession（CSTP）(2009)[EB/OL].（2009-10-05）[2015-08-10].http://www.ctc.ca.gov/educator-prep/standards/CSTP-2009.pdf.

H老师：我在这所学校已经很多年了，帮助加利福尼亚大学伯克利分校带实习生也已经很多年了。我和同事交流很多，关系也非常好。一般来说，我们每个教师只教学生一年，下一个年度，孩子们将会有新教师和新同学。我这个班级是二年级和三年级混合的班级，在我接手这个班级时，班级原来的教师告诉了我每一个孩子的情况，他们喜欢什么，害怕什么，在什么地方有优势，又在什么地方挣扎，我们现在也会经常讨论。下一个年度，我也会把这些孩子的情况告诉接手他们的教师。

在美国，我们还有一种"个别化教育项目"。你刚才也看到了，班上有两个孩子在课堂上眼神茫然，对我的讲解毫无反应，这说明他们有特殊需要，我会在特定时间内把他们带到我们学校的"个别化教育项目"之中，让特殊教育的教师单独辅导他们。特殊教育的教师会为这些学生制订个性化的教学方案，并跟踪记录这些学生的很多细节，我和特殊教育的教师也会经常讨论。

我的一个最好的朋友也是这所学校的教师，她教五年级，我们两个班是 bunny class（学校内的某个高年级班级和某个低年级班级所组成的友好班级），我班上的孩子和她班上的孩子每周都会见面并做各种游戏，本周我们的游戏是猜谜。孩子们都知道我俩是最好的朋友。此外，我们每周三还有一次学区内的教师发展课，到时学区内三所小学的教师都会集中在一起，我有时参加二年级组的，有时参加三年级组的。我们会在一起讨论、分享各自的资源，如果你有兴趣，我可以带你参加一次。

可见，在职场关系因素上，不鼓励竞争的管理制度成为促成小学教师合作的天然基础。这从对前三个因素的分析中也可以看出，小学教师之间不存在同级竞争关系，学区管理者和小学校长对小学教师进行管理的目的不是给小学教师评等级，而是尽可能地促成小学教师合作，将他们联合在一起，发挥团队力量，以共同服务于学生成长。这种不鼓励竞争的学校文化是小学教师合作最可靠的基础，能够让小学教师将全部的精力放在学生身上，而不是放在与同事的竞争上。这样一来，同事之间就没有了等级差别。所以，学校内的职场关系具有扁平化和平等性的特征，在个人边界清晰的基础上，自然而然地产生了真实的教师合作。

第六章　来自美国加利福尼亚州公立小学教师发展的参照及启示

五、在官方培训因素上的特点

据笔者观察，美国公立小学的官方培训有三种类型：一是学校内情境性、常规性的在职小学教师发展项目；二是学区内的小学教师专业团体活动；三是由大学举办的脱产性小学教师发展项目。

（一）学校内情境性、常规性的在职小学教师发展项目

笔者：学校和学区如何开展小学教师发展活动？

A 校长：我们学校有 35 名教师，620 名学生，没有副校长，但是，我有一个"教师教练"（teacher coach），她专门负责教师发展。教师教练属于班级教师，她扎根于班级之中，和其他班级教师一起工作。她会将具体课程模型化、出示课程计划，她还会开展有助于本校教师发展的研究，并且把这些研究成果带进课堂之中，为教师做出具体的教学示范。教师教练还会帮教师上课，这样教师就有机会观察同事的教学了。所以，教师教练拥有在日复一日的常规教学工作之外的自由，她不必在某个班级中，她的教学研究工作可以在白天进行，而普通教师在白天必须完成班级的常规教学工作，相关研究工作只能放在晚上进行。我们学校实施"教师教练"活动已经有两年了，我们真的感到这是一种非常成功的做法，我们很喜欢。今年，我们研究的学科是"语言艺术"（language art）[①]，我们要开发相关的项目与活动，教师教练去年就开始为此做准备，做了很多研究工作。

我们学区每年会为小学教师提供 30 个小时的专业发展机会，有时在学期之中举行，有时在暑假举行。

J 老师是公立学校卢迪桥小学五年级毕业班的教师，卢迪桥小学位于中等学区。2014 年，加利福尼亚州开始执行国家核心课程标准，加利福尼亚州政府开始对全州的学生进行学术性测试，所以公立小学五年级教师的一项重要责任就是完成国家规定的教学任务，使小学生达到相应的学业水平要求。

[①] 语言艺术类似于中国的语文课。

127

笔者：作为五年级毕业班的教师，您是如何执行国家核心课程标准的？我看到您有两本非常厚的教师用书，这是学区指定的用书吗？

J老师：我用的是五年级数学教师用书，是由加利福尼亚大学伯克利分校的劳伦斯国家实验室编写的，是学区为我们挑选的。教学内容非常多，仅是五年级数学这门课就有两大本，每本500多页，一共1000多页。我是不可能将书中的内容全部讲授给学生的，因为太多了，所以我会进行选择，比如，今天要讲的三位数加法，书中介绍了十几种方法，我会在其中选择一种讲给学生听，并让学生熟练掌握。

（二）学区内的小学教师专业团体活动

在H老师的引荐下，笔者参与了一次学区内在职小学教师的专业团体活动。

星期三是学区内的教师发展日，所有学生都于下午1：45放学。学区内三所学校的教师都集中在一所学校内，分年级开展讨论。笔者来到三年级教师组，组内共有8位教师。首先是互动认识，然后由一位主持教师组织讨论，讨论的原则有两条：一是每位教师都是平等的，都享有平等的发言权；二是保证每位教师的发言都在安全、保密的环境中进行。讨论的主题是三年级的语言艺术课与数学教学。教师普遍认为，难点在于三年级的数学教学，因为根据国家核心课程标准的安排，二年级到三年级是一个非常大的跨度，所以三年级数学教师的教学难度非常大，甚至要难于四年级教师。其中一位教师与其他教师分享了一个网站资源，这个网站提供免费的教学资源，大家对这位教师表示感谢。教师普遍对语言艺术课的教学感到得心应手。会议持续了一个小时。

笔者作为观察者参与了一次这种类型的会议，由于会议不允许录音，笔者只能记录下自己主要的感受：这是一次无领导的教师研讨，没有人做主题发言，没有专家，所有教师都是平等的主体。其优点在于人数少，每个人都有机会发表自己的看法；而缺点在于没有水平较高的专家或专家教师引领，难以从质上提升教师的教学水平，特别是对于全新的国家核心课程标准，教师在对其把握上有诸多困惑，却没有更高水平的专家来详细、逐条地进行解释，教师也只能"摸着石头过河"，学习效率较低，教学水平难以提升。

（三）由大学举办的脱产性小学教师发展项目

美国加利福尼亚大学伯克利分校是世界排名靠前的公立大学，被誉为"助力于加州阶层向上流动的机器"[①]，其所主办的小学教师发展项目具有鲜明的引领意义，其发展性教师教育项目（developmental teacher education program，DTEP）的目标是："我们坚信，作为一名教师，就意味着要培养一种持续终身的探究学习的态度，所以我们力图通过这个项目，为小学教师呈现一个好的榜样，即不断地批判性地反思我们自己的实践，并且将我们的研究贯穿于儿童的发展和教师的学习之中。这个项目扩展了教师教育，促使教师的认知与实践不断深入，我们的方向是提升儿童的学习力，最终指向高品质的学校建设。"[②]这一项目最鲜明的特征就是"为美国而教"的国家立场，从美国的整体利益和长远利益出发，为贫困和薄弱地区培养、输送优质师资。2015年10月15日晚上，加利福尼亚大学伯克利分校教育研究院召开了一年一度的小学教师发展项目的招生宣传会，笔者参加了此次宣传会，并做了非参与式观察。

第一步，项目负责人 I 博士介绍了该项目的宗旨和目标。这是一个小学教师发展的项目，经过15个月的全日制学习与实习，所有课程结束并考核合格后，小学教师可以获得加利福尼亚大学伯克利分校的硕士学位与相关的教学资质证书。I 博士介绍该项目有三个特征。

> 第一，该项目在每年6月份开始，共15个月，它提供了多元的学习渠道，旨在培养有反思能力和批判精神的专业教师。第二，该项目有四个不同的现场学习阶段，第一和第二个阶段在暑假进行，地点在奥克兰的艺术与学术中心；第三和第四个阶段分别在夏季和秋季学期进行，地点都在当地的小学课堂。第三，现场学习的重点安排在城市进行，每个学员将会得到小学教师和大学教师的共同指导。

关于学习强度，她说：

---

① The New York Times.California's upward-mobility machine[EB/OL].（2015-09-17）[2015-12-01]. http://www.nytimes.com/2015/09/17/upshot/californias-university-system-an-upward-mobility-machine.html?_r=0.

② Berkeley University of California.About the developmental teacher education program[EB/OL].（2015-02-17）[2015-07-12].http://gse.berkeley.edu/cognition-development/dte-about.

我们这个项目是全日制项目，课程安排非常密集，而且没有弹性。经常是从早上7点到晚上7点，教师会非常辛苦。

关于学费，她说：

从以往的经验看，很多教师都得到了不同来源、不同额度的资助，资助的来源与额度取决于教师所来自的学区。

第二步，I博士向大家展示了本届在读学员的实习录像剪辑，约10分钟。录像虽然制作得比较简单，但是十分生动，而且具有感染力，展示了本届学员正在经历着的困惑、努力与收获，并且有大学教授、小学指导教师所做的相关点评。

第三步，I博士详细说明了该项目的申请资格要求。要求申请人具有以下品质：

申请人致力于实现小学课堂、学校和社区内的人人平等；有和小学生在一起学习的经历，特别是在公立小学内的学习；对理解小学生的发展有浓厚兴趣；愿意致力于将理论与反思性实践连接起来。具体来说，要提供以下材料：①两份论文：一篇论文要写明申请人参加该项目的目的；另一篇要写明申请人的个人经历，特别是学术经历。②本科阶段前两年的成绩。③两封学术推荐信，再加上一封个人推荐信，以证明申请人有与儿童一起工作过的经历。④如果申请人的母语不是英语，还需要提供去年的托福成绩和雅思成绩，以证明其英文水平。⑤申请人要通过加利福尼亚州政府要求的教师入职学科考试（California Subject Examinations for Teachers，CSET）或者基本教育技能测试（California Basic Educational Skills Test，CBEST）。同时，申请人如果具有以下品质，还可以提高申请成功的概率：在美国或者国外有跨文化的生活经历；除了英语之外，还能熟练使用其他一种语言；熟悉教育技术；在视觉化和艺术表达方面有个人经验。

第四步，I博士邀请不同的人分别从不同的角度介绍了该项目：有一位课程体系内参与现场学习环节的负责人；有三位在读的学员教师；还有一位

第六章　来自美国加利福尼亚州公立小学教师发展的参照及启示

两年前毕业，目前在一所小学任教的小学教师。这五位教师分别谈了自己的个人学习经历，并且回答了在场申请人提出的问题。当在读学员提到"我们的阅读量大约是每天 200 页"时，在场的申请人发出了惊叹声。

整个招生宣传会历时两个小时，有两个较为鲜明的特点：一是积极的市场意识；二是多元的评价主体。市场意识是指该项目主办方将这些有意向的申请人看作是消费者，用一种服务的精神争取他们的关注与参与；多元评价主体是指给有意向的申请人提供多方的声音，既有主办方，也有在读学员，还有已经毕业的学员，让有意向参加该项目的人能够"兼听则明"。

据了解，加利福尼亚大学伯克利分校小学教师发展项目的学费约 4.3 万美元（一个学期 17 800 美元，15 个月是两学期加两个夏季，夏季的学费是 510 美元一个学分，14 个学分共 7410 美元），要求全日制脱产培训。

可见，在官方培训因素上，在职小学教师发展项目具有情境性、常规性、自治性的特点，而脱产性的小学教师发展培训则具有自愿与自费的性质，并且还需要通过严格的、有一定难度的笔试与面试。小学教师发展的主体是教师本人，而不是教授或专家。教授或专家鼓励小学教师正视与明确专业自我，并鼓励他们选择自己喜欢的教学材料、教学方法、教学风格，注重自由与选择是加利福尼亚州小学教师发展项目的显著特点。

六、在师生关系因素上的特点

在美国，小学教师与学生及其家长之间的关系怎么样？在师德方面，他们是如何做的？这也是本次调查的一个重要方面。E 学员曾在中国成都做过一年的小学英语教师。她说：

> 在中国，如果你说你是小学教师，人们会说："Wow，你是老师啊！太棒了！"而且家长都听你的。但是在美国，当别人知道你是小学教师时，他们会说："Oh，不错，这个工作很适合你。"我们美国人只会对医生、律师、教授说"Wow"，"Wow"的工作才是值得尊敬的。

E 学员还对两国小学教师做了比较：

> E 学员：在中国，家长会很认真地对待教师说的每一句话。而在

131

美国，家长会认为，纪律是学校的事情，在学校表现不好也不算什么大事情。美国教师也是这样想的，孩子在学校表现好，就和家长说孩子表现好；孩子在学校表现不好，教师就会说"他在某些方面还需要提高一点"。相比之下，中国的教师和家长对孩子在学校的表现是很看重的。

D 教授：在美国，人们认为大学教师的地位是高的，而小学教师的地位是低的。很多小学教师是因为孩子大了，自己有点时间了，才来做小学教师的。小学教育作为一个专业，在美国只有短短 30 年的历史。

笔者：可是在中国学术界，我们把你们美国作为小学教师专业化的"教父"。（因为他是意大利裔美国人，所以笔者用了"教父"这个词。）

D 教授：是吗？哈哈。

H 老师：我曾经在私立学校教书，那些私立学校学生的家长很有想法，他们会告诉我应该怎么说、应该怎样做，他们总希望我按照他们的思路去做。但是，我认为我是小学教育的专家，我知道怎样做才是对他们的孩子有益的。我很喜欢现在的公立学校，我的班上有很多亚裔家长，有你们中国的，还有韩国、日本的，亚裔家长与私立学校学生的家长不同，他们非常支持我们，尊重我们，这一点我很喜欢。

海景小学的家长教师联合会主席 B 妈妈说：

在我们学校有两个传统，这两个传统是每学期都有的，是专门为了向教师表示我们家长的感谢。一个传统是答谢午餐会，家长早上 10 点前把自己的拿手好菜送到学校，我们会在一个大的会议室里把这些菜和感谢卡片布置好，教师那天中午不带自己的午餐，而是和同事共同享用家长精心准备的这些美食。另一个传统是在学期末，我们会举办一场募捐会，我们会建议家长给自己孩子所在班级的教师捐钱以表示感谢，钱多钱少都行，并留下感谢卡片，我们会在学校办公室里放一个箱子，家长把钱投放在这个箱子里，我们整理好之后，交给每个班级的教师。我们学校的学生家长素质很高，捐款也很多。此外，我们还会举办一些常规性的给学校筹款的活动，我们会定期举办募捐晚会，卖一些文具、U 盘、T 恤，还会把学生的画裱起来让家长来买。通

第六章　来自美国加利福尼亚州公立小学教师发展的参照及启示

过这些方式，我们能为学校筹集到不少钱。所以，你看，我们的孩子所用的学习资源，如学数学的 Dreambox、学语言的 radKID，都是其他学校所没有的，因为这两种学习资源非常贵，我们很幸运，能够买得起。

海景小学的 C 老师说：

家长很支持我的工作，每学期我们学校都有活动，有时需要家长提供食物、饮料，有时需要家长当志愿者。每次我提出需求后，都会得到家长的支持。在最近的一次活动中，我们学校组织学生去旧金山听音乐会，因为想省点儿钱，我们就少租了一辆车，这样就没有足够的位子让家长坐了，他们往返只能挤着坐，我很感谢他们。回来后，我给每一位家长都写了信，以表达我们的感谢。

城市玫瑰小学的 G 老师说：

我的很多工作都必须在周六和周日做。平时我 7 点多到学校，下午 3 点学生放学，但是我们学校在 3 点之后还有课后班。学校内一直很吵，我无法集中精力思考。我一般利用晚上时间给家长打电话以进行必要的沟通。

可见，教师与学生是清晰且平等的市场关系，学生是消费者，教师是服务者，服务的对象是学生。消费者主权得到制度化的认可和尊重，教师要重视每一位消费者的意见和偏好，在此基础上，双方共同努力，尽可能多地相互合作、融入温情，然后再建立起伙伴关系。家庭成为学校发展的资源和推动力，家庭和学校共同为儿童的健康发展负责。事实证明，家长教师联合会等民间组织有效地团结了家长、教师及公众的力量，使得儿童获得了最大利益。但是，不同学校因生源的不同而差异显著，以富裕家庭的孩子为生源的小学获得的资源就多，而以贫困家庭的孩子为生源的小学获得的资源就相对匮乏。

第三节　美国小学教师发展的特点

美国小学教师教育的大前提是：管理部门相信校长，校长相信教师，校长相信教师能为自己班上的学生选择适宜的教材，相信教师的自主创新能力，能够采用恰当的方法完成国家核心课程标准所要求的目标。具体而言，美国加利福尼亚州公立小学教师发展呈现出以下特点。

一、联邦制下的多样化、非均衡发展

美国的教育自主权在地方，各所学校享有完全的课程权与专业自主权，并实行小班教学，联邦政府只提供一个建议性的国家核心课程标准，学校之间也无需相互协调、相互比较，没有负担，轻装上阵，以种族融合和创新为重。美国是一个联邦制国家，各州拥有较大的自主权，包括立法权，实行三权分立的政治体系，立法、行政、司法三部门鼎力，并互相制约。美国的中小学教育主要是由各州教育委员会和地方政府管理。

美国教育部在网站上这样写："请注意在美国的教育中，联邦政府的作用是有限的，根据美国联邦教育法第十条，由各州及其各级地方决定当地的教育政策。"[1]各州的小学教育和小学教师管理并不是由联邦政府负责的，而是由各州政府负责的；在各州内部，也是实行区域教育自治，"典型的美国小学教育是，公立小学的课程由各自独立的小学学区决定，小学学区为各年级小学生选择课程指南和教材要符合各州的学习标准和基准"[2]。各州的教师又被划分到各个区域性的学区中，其中，公立学校、私立学校、天主教学校对师资发展的要求还不尽相同。教师发展的经费来源也很多样，每个教师的资助来源都不相同。更为关键的是，美国小学教育所使用的课程体系和教学内容完全是学区自治的。2009年，联邦政府制定了统一标准，即国家核心课程标准，它只供公立小学选择性地使用，何时实施也由各州自行决定。各

---

[1] U.S.Department of Education.Laws and guidance [EB/OL].[2015-07-12].http://www.ed.gov/policy/landing.jhtml?src=pn.

[2] Wikipedia.Elementary school [EB/OL].（2014-01-10）[2015-07-12].http://en.wikipedia.org/wiki/Elementary_school_（United_States）.

第六章　来自美国加利福尼亚州公立小学教师发展的参照及启示

所学校的教材完全由校长或教师在市场上选择与购买，而且一般也不发放给学生及其家长，只是作为学校自己教学用的一个参考而已。美国小学教育从课程、教材、进度到师资的质与量，都有着极大的地区差异。

以笔者所观察的旧金山地区而言，有的公立小学从一年级开始就布置家庭作业，二年级的家庭作业时间约为 50 分钟，而有的公立小学则不布置家庭作业，并且对小学二年级学生需要做家庭作业的做法感到不可思议。在联邦制的美国，难以实现大一统式的全国小学教育和全国小学教师整体均衡发展，而保持多样性的非均衡发展是其唯一的选择。

美国小学的管理模式是地方自治，因此小学校长全面承担学校内所有事务的管理责任，他们是专业的管理者，但不参与一线的教学。公立小学校长的薪酬约是普通教师的两倍。小学校长的职责就是用其专业眼光和专业权力，为本校学生选聘教师、考核教师，以及引导教师发展。

二、尊重与维护小学教师专业工作的独立性

美国是个人主义文化模式的典型，美国人认为个人价值至高无上，个人价值高于集体价值，他们特别警惕外在的权威或者社会共识对个人发展的干涉和阻挠。其背后的教育理念是：小学教师是独立、自主、自治的人，教师个体的生活经验、学术背景、审美偏好等都是教师从事教学工作的重要基础与宝贵资源，如果无视这一点，那么教育教学工作将是低效与无趣的。

从儿童到成人，美国人都习惯于进行独立的思考与工作，个人的成就不依赖于是否被他人承认，这样的文化促使了人们更大胆地去探索，更勇于追求个人兴趣。整个社会文化鼓励小学教师自主创新，鼓励他们能够自主选择具体的教学材料、教学方法、教学组织，这是美国教育的一大传统和特色。同时，管理部门不设置行政方面的条条框框，更重视对教师能力的培养，而不是仅重视一时成绩和荣誉的获得。

教师面对学生时也是秉持这样的理念，他们以个人主义为起点和出发点，常常是宁可牺牲整体的学业水平的提升，也要维护学生的个体尊严。具体表现在：他们对学生个体的发展采取因人而异的方法，尊重每个人的发展，更尊重每个人的想法和行为模式，或许这会导致出现学业水平降低的情况，但这是对个人的一种尊重，其非常有利于学生的个性舒展。当然，美国小学班额较小，这也是实施个性化教育的物质基础。

三、教育公平的重要性远大于教学效率

无论是在大学课堂还是在小学课堂，其显著的教育理念都是强调公平。公平理念体现在：要求教师平等地对待每一个学生，不考虑种族、家庭背景的差异和学生成绩的高低。据笔者观察，小学教师将公平理念贯彻于课堂的表现就是"低就"，教师将主要精力用在帮助那些道德水平相对较低和学业成绩相对薄弱的学生身上，而不是用在帮助那些各方面表现相对优秀的学生身上，这是美国小学教师的专业价值观的表现之一。

从加利福尼亚大学伯克利分校教育研究院所使用的教师发展项目中对强有力课堂的衡量标准（表 6-5）可以明显地看出，教育公平的重要性远高于教学效率。[1]

表 6-5　强有力课堂的五个标准

维度	内容
内容	让学生乐于接受课程内容（CCSS[2]和 NGSS[3]）的纪律性。学生应当有机会学习重要课程内容并进行实践，其目的在于发展富有成效的心理纪律和习惯
认知要求	保持教室内的互动，创造并维持一种富有成效的知识挑战环境，同时要求学生遵守纪律。需要在两端之间把握好合适的分寸：一端是把内容嚼碎了一口一口地喂给学生，另一端是冒着学生有可能迷失在海量知识中的危险而默默观察
机会均等	课堂教学活动的主旨是要能够邀请和支持所有学生参与到核心内容的学习中。如果只是一部分学生一直在积极参与，而不是所有学生都一直参与，那么无论其内容设计得如何丰富，都是不公平的
愿意融入、愿意思考、认同自我	让学生有机会做到既能说，又能做（walk the walk and talk the talk），并能听取他人的想法。让学生愿意投身学习，认为自己是一个好的思考者，最终认同自己是一个正向积极的思考者和学习者
使用评价	教师可以通过设计一个具有启发性的教学开篇环节，或是通过纠正学生现存的误解，由此引发学生思考，并导出后续教学。有效的指导要基于每个学生现有的水平，并促使他们迈开脚步，取得进步

资料来源：加利福尼亚大学伯克利分校教育研究院所使用的教师发展项目标准，即 Field placement evaluation-completed online at midpoint and end of placement

表 6-5 的标准中有一条非常引人注目："课堂教学活动的主旨是要能够邀请和支持所有学生参与到核心内容的学习中。如果只是一部分学生一直在积极参与，而不是所有学生都一直参与，那么无论其内容设计得如何丰富，都是不公平的。"在公平与效率不可兼得的情况下，美国将公平的重要性置

---

[1]　这是加利福尼亚大学伯克利分校教育研究院的 Schoenfeld 教授提出的观点。
[2]　CCSS 指州立核心标准，即 common core state standards。
[3]　NGSS 指下一代科学标准，即 next generation science standards。

于第一位，并赋予道德正当性。其背后的原因之一是，美国没有主体民族和主体文化，缺乏血脉传统和传统底蕴，因而特别需要用一种超强的政治黏合剂将所有美国公民凝聚起来，强化美国公民对美国的国家认同和政治认同，尽可能缓解美国社会日益突出的种族冲突，为国家和社会的长治久安打下基础。

四、专业教学辅助体系和社区教育体系的专业支持

美国有着非常完善和发达的专业教学辅助体系和社区教育体系。在校内，学校有特殊教育教师、"英语作为第二语言"教师、阅读教师等，他们与班级教师合作，共同服务于学生的成长。在校外，每个社区都有1所以上的社区图书馆。以加利福尼亚大学伯克利分校所在的伯克利市为例，社区内共有6所社区图书馆，每所图书馆每天都有丰富的教育活动，尤其是针对儿童阅读的。以伯克利市一所公共社区图书馆为例，2015年12月，该图书馆的儿童阅读活动占了63%。系统、多样的社区公共教育体系全方位地支持了小学教师的教育教学工作。

在美国，人们认为对儿童的教育是全社会的责任，美国很多机构都会参与到教育的各个环节中，对小学教师的支持是全方位的。学校内有专门的图书馆专业人士，他们专门负责鼓励学生阅读，并进行借阅图书的管理；学校内还有专门的心理教师和特殊教育教师，一些有行为和心理问题的学生会被交给这些专业人士进行辅导；小学生的午餐也由教辅人员和家长志愿者负责，不用教师操心。同时，校外有社区图书馆和附近大学的支持。以伯克利市及周边地区为例，社区图书馆每天都有针对儿童的辅助性或发展性活动，主要项目有志愿者辅导儿童课后作业，暑期及平时开展的短期阅读课、数学课、科学课、美术课等。依托加利福尼亚大学伯克利分校的各种资源，美国国家实验室——劳伦斯国家实验室专门开设了儿童博物馆和活动中心，常年面向儿童开放，对儿童进行理工科的STEM学术熏陶。[①] 这样小学教师的工作就得到了全方位的支持，校内与校外形成互补之势，二者相得益彰。

---

① STEM 是科学（science）、技术（technology）、工程（engineering）、数学（mathematics）的首字母缩写。

第四节 美国小学教师发展对我国的启示

从以上分析中可见，小学教师发展中存在三对矛盾：外部动机与内部动机的矛盾、关注结果与关注过程的矛盾、竞争与合作的矛盾。如何看待这些矛盾？可采用中国文化中"叩其两端而执其中"的中庸之道，"中"不是指固守在中间的那一点，而是指固守在两端中的任意一点。

一、把握外部动机与内部动机之间的度

在职称制下，中国小学教师关注晋升职称时制度环境的公平性，即关注"我与人"之间的关系问题：我如何获得集体的认可？我在集体中处于怎样的位置？我如何脱颖而出？总之，他们是在与他人的比较中找到自己的定位。由于没有具有竞争感的职称制，美国小学教师不需要花时间和精力去解决"我与人"之间的关系问题，从而将关注重心放在"我与自己"的关系问题上，即我需要什么，我应该怎么做以达到目标。教师之间"高下不相慕"，具有典型的个人主义特点。

作为发达国家的美国，其小学教师发展离自由那端更近一点。在其个人主义文化模式及小学管理制度中，他们不看重人与人之间的比较，而是看重个人的价值。在个人主义价值体系的基础上，美国小学的做法是将选择权和专业权交给教师本人，学校内并不对教师进行层次上的划分，也不举行教师之间的赛课，教师发展的竞争对手并不是同事，而是自己。自我规划、超越自己是美国小学教师发展的核心。正如访谈中A校长所说："国家决定了我们要去的目的地，而我们能决定怎么到达目的地——教师有权利选择课本、选择课程、选择进度，我们只需要到达目的地即可。教师的权利在于能够参与决策过程，这就是对教师的奖励。"美国小学教师具有更多的专业自主权，其创造力的发挥和个性的舒展有着较大的空间。

相比之下，中国的小学教师发展离自由端更远一些。过于强调外在动力势必会削弱小学教师一部分的内在动机，小学教师会将自身发展当作一份不得不完成的差事，而不是一份能带来快乐的创造性工作，而创造恰恰是小学教师能从中获得专业尊严和欢乐的源泉。于是，现在的小学教师发展表现

出被动、无奈、缓慢的特征。

二、调整关注结果与关注过程之间的度

在中国的评价体系内，小学教师更加关注结果，关注职称、获奖、论文、荣誉这类看得见、摸得着的绩效。在培训中，他们非常关注方法、操作技能的获得与熟练程度，这是一种"去情境化"的发展方式。而在美国的评价体系内，小学教师不需要关注这些绩效。作为自治、自主的人，他们将关注点放在日常的工作过程中，在实践中相互学习，是一种"情境化"的学习。他们不在乎一时的成绩与荣誉，从而能慢慢感受到日常教育工作中所蕴含的美与快乐。

中国未来的小学教师发展可以尝试着从关注结果向关注过程慢慢转变，更加重视个性化、情景化、扎根式的、生态式的经验，"教师运用实践智慧赋予每一情境以教育意义的临场创造……唯有情境化教学才是教学发展的正途"[①]。同时，应将学习融入日常生活之中，将工作场所与学习场所融为一体，使原来日复一日、年复一年的日常工作因为变化与创造因素的注入而不再单调乏味，从而使小学教师变得自由与活泼，同时大大提高其工作效率。但是，这种转变将是一个缓慢的渐进过程。巴基斯坦学者 Nawab 开展了一项相关的实证调查研究，他将工作场所中的过程式学习理论运用于发展中国家的教师发展之中，根据量化与质化的调查得出的结论是：理论意义上的学习与真实情境中的学习并不完全一致，在发展中国家，教师的教学负担过重，教师的互动学习缺乏制度的保障，教师的学习行为得不到适宜的回报，这些都使得这一理论在发展中国家的文化背景下难以得到充分延伸。但是，发展中国家的特点也在很大程度上补充、更新了工作场所学习理论。[②] "物无美恶，过则为灾。"关注结果与关注情境都有其必要性，"过度走向实践可能带来技艺化的危险，阻碍教师专业化进程。未来教师教育模式仍需夯实教师的学科专业基础，同时强化教育实习实践，方能培养出高素质的专业化教

---

① 钟启泉. 追寻课程与教学的本真意义 // 姜美玲. 教师实践性知识研究 [C]. 上海：华东师范大学出版社，2008：总序.

② Nawab A. Workplace learning in Pakistani schools: A myth or reality?[J].The Journal of Workplace Learning，2011，23（7）：421-434.

师"[①]。所以，小学教师要把握好关注结果与关注过程之间的度。

三、协调竞争与合作之间的度

由于存在对小学教师的绩效考核，所以中国小学教师的职场关系呈现出明显的工具理性色彩，教师合作往往是奔着一个可见的、直接的目标而去的，鲜有那些真正能促进学生成长的、长期的、暂时看不到绩效的真正合作。绩效考核使某些教师失去了"十年树木，百年树人"的耐心。

美国的做法是不用外在的、可见的、能测量的绩效评价小学教师，而是用包括发展、自由、赋予更多决策权等内在的精神性奖励默默地推动小学教师往前走，以促进教师团队的形成。小学教师之间"高下不相慕"，这消解了个人英雄主义的冲动。正是由于不需要竞争，小学教师之间的互动更加频繁、更加纯粹，也更加轻松，校长和管理者将关注点放在了提升小学教师的自由度、鼓励小学教师形成教师团队上，致力于培养平等、信任、合作、共赢的学校文化。在这种教师合作中，学生受益最大。

本章小结

本章对美国加利福尼亚州小学教师发展的现状进行了调查，围绕同级竞争、物质需求、职业胜任、职场关系、官方培训和师生关系这六个方面，采用访谈、观察、内容分析等研究方法，对通过多种途径所获得的资料进行了相互比照和验证，有如下发现。

（1）在同级竞争因素上，官方不评定小学教师级别，小学教师发展是教师个体自我选择的自我投资。

（2）在物质需求因素上，小学教师收入显著低于校长和学区管理者，其收入因学区不同而差异显著。

[①] 宋萑，钟秉林.走向实践与技艺化危险：中美教师教育模式改革研究——中美教师教育比较研究之二[J].高等教育研究，2011，32（9）：64-69.

（3）在职业胜任因素上，校长将发展与自由作为对小学教师的奖励，奖励的是集体而不是个人。

（4）在职场关系因素上，不鼓励竞争的管理制度成为促成小学教师合作的天然基础。

（5）在官方培训因素上，学区内小学教师培训具有情境性和常规性的特点，脱产性小学教师培训则具有自愿与自费的特点。

（6）在师生关系因素上，家长是学校的消费者、参与者和支持者，师生关系因学校生源不同而差异显著。

据此可见，美国小学教师发展的特点是：联邦制下的多样化、非均衡发展；尊重与维护小学教师专业工作的独立性；教育公平的重要性远大于教学效率；有专业教学辅助体系和社区教育体系的专业支持。

美国小学教师发展的理论与实践对我们的启示是：把握外部动机与内部动机之间的度；调整关注结果与关注过程之间的度；协调竞争与合作之间的度。

第七章

促进小学教师发展的路径选择

根据前面章节量化和质化研究所揭示的小学教师发展现状及困境，以及所呈现出的小学教师成长规律，以域外经验作为参照，本章将提出切合我国国情的促进小学教师发展的路径选择。"我们也就这样找到了问题的本质所在，而这个本质基本上是政治性的。只有政治思想不断演变，只有对政府和公民之间、统治者和被统治者之间、管理者和被管理人员之间的关系有了新的认识，才有可能确立新型教育的目标，才能产生以创造性的革新代替衰退的传统所需要的力量。这并不妨碍我们批判，也不妨碍探讨具体问题的具体解决办法。"[①]

第一节 提升小学教师晋升规则的合理性与公平性

无论是问卷调查还是访谈调查都显示，教师之间关于职称和荣誉的同级竞争非常激烈，同级竞争已经成为影响小学教师发展的首要因素。那么，"在竞争的压力下，我们怎样才能使工业、农业、政府（更不用说家庭的雄心）的要求，适应我们公开宣称要达到的机会均等和个人按个性、志愿、能

---

① [法]保尔·朗格朗.终身教育引论[M].周南照，陈树清译.北京：中国对外翻译出版公司，1985：17.

力和谐发展的目标？"①基于成人教育理论，结合我国的教育国情，笔者从规则改进的角度提出以下四点建议。

一、拓宽小学教师的发展通道

成人教育理论认为，"有一点看来很清楚，这就是：如果我们要根据真正的、有效的民主原则实现机会平等，那么，在学习、资格、训练、专业进修等方面扩大人们的前景就应成为上述问题的必然答案的有机组成部分"①。成人参与职业生活是为了获得参与感、归属感和成就感，而在激烈的淘汰与筛选中则难以产生安全、正向的职业感受，热爱与创新也就无从谈起。

访谈调查显示，目前小学教师的职称岗位设置仍然是计划经济的产物，人为制造出的岗位资源的稀缺性是导致小学教师之间竞争激烈的根本原因。中小学教师的职称制在其诞生之初的本意是提高教师的专业地位。中华人民共和国成立之初，中国正处于工业化起步期，百废待兴，极度渴望培养出大量工业人才。据统计，1949年，我国小学的师生比是1：29.2，1952年，小学的师生比是1：35.6。②如此高的师生比说明当时中国的小学教师在数量上严重不足，基础教育师资问题成为掣肘国家工业腾飞的重要因素。而且，当时小学教师的专业地位很低，1956年10月5日，《人民日报》还发表了题为《不许歧视小学教师》的社论。当时的国家意志就是大规模、快速地培养掌握一定知识和技能的社会主义建设者，这就需要鼓励更多的年轻人从事小学教师这一职业，同时提升在职小学教师的专业素养。于是，国家采用行政手段，特别是职称制树立起小学教师的制度性权威，自此小学教师成为专业技术人员。"文化大革命"之后，国家恢复了小学教师的职称制，1983年，国家教育委员会出台《国家教育委员会关于中小学教师队伍调整整顿和加强管理的意见》，1986年，又出台了《中小学教师职务试行条例》，对小学教师的职务类别进行了详细的规定，实施了专业技术职务聘任制，以此为基础，小学教师的职称评审走上了规范化、制度化的发展轨道。

时代发展到今天，随着小学教师整体师资学历的提升，职称制已经难

---

① [法] 保尔·朗格朗. 终身教育引论 [M]. 周南照，陈树清译. 北京：中国对外翻译出版公司，1985：50.

② 董江华. 新中国小学教师职后教育发展研究（1949—2000）[D]. 华东师范大学硕士学位论文，2007：5.

以满足广大小学教师的发展需求。目前的现实是：小学教师上升渠道单一，资源稀缺；职称成为小学教师身份、地位、荣誉、收入的第一表征，职称高者名利双收，评不上职称者消极失落。于是就出现了调查中所呈现的种种弊端：规则本身重功利轻师德，规则执行过程中对公平的把握难度大，小学教师被分为三六九等，被分级的不同小学教师之间相互对立甚至出现垄断知识等情况。在职称制的框架内，在有限的资源面前，小学教师之间的关系必然是竞争性而非合作性的，制度诱发小学教师产生了过于强烈的功利心，有些小学教师将自己的发展置于学生发展之上，本末倒置。从访谈中我们看到，有的校长和小学教师认为这种竞争无助于小学教师专业水平的真正提升，反而造成职场关系紧张，教师之间的合作无法形成。

现实将"倒逼"教育主管部门进行改革，首要步骤就是改进职称制及其他教师评价制度，从源头上拓宽小学教师的上升渠道，减少或者取消各种严酷且费时费力的遴选，增加各种奖项与荣誉，让所有小学教师都看到自己是有机会的，并使他们都愿意通过自己的努力去实现目标。

二、对一般学校和薄弱学校的普通教师进行资源补偿

从调查来看，相较于一般学校，重点学校具有明显的资源优势与制度优势，具体体现在：重点小学教师之间的同级竞争相对缓和，且具有阶段性和秩序性；其物质需求显著低于一般学校；其对官方培训的认同度显著高于一般学校教师，其职场关系融洽度优于一般学校教师；重点学校的新进教师因此受益较多。然而，在一般学校，不同职称、不同职务的教师在同级竞争、职业胜任感、师生关系维度上呈现出明显的"同质化"现象，他们感受到的同级竞争均十分激烈，对官方培训的认同度也较低。

改革开放40多年，今天，我们比任何一个历史时期都极度渴求一种能够关怀整个社会福祉的公共价值。在当前形势下，公平比效率更重要，这正是义务教育均衡发展的核心所在。

政府作为公共权力的机构，是协调各个利益集团的仲裁者和维护公共利益的代表，政府应尽可能地保护每个社会成员免受来自其他成员的不公正的挤压；政府当然也是教育公正的保护者，应帮助薄弱学校及教师摆脱困境，应对教育资源进行科学合理的结构性安排，这种结构性安排应当以增加最大多数人的福利为原则，所以，政府有责任促进社会资源特别是教育资

的均衡分布。为了保证小学教育师资配置的均衡性，政府需要按照"合乎最少受惠者的最大利益"原则进行相应的顶层设计，从宏观上均衡分配资源，大幅增加一般学校和薄弱学校中的普通教师的发展机会。在目前师资配备不均衡的事实下，要对一般学校和薄弱学校的普通教师进行某种补偿或再分配，缩小甚至消除他们与处于优势地位教师之间的差距，大幅增加他们在收入、职称晋升、竞赛、评奖等事关专业发展重要事项方面的机会，从而改善他们的长远预期。

三、取消或者降低对小学教师发表论文的要求

无论是晋升职称还是每年学校内部的绩效考核，论文的写作与发表在小学教师评价中的权重越来越大，以至于校长和教师发出"现在评教师就是拼论文"的感慨。本书问卷调查显示，近50%的小学教师在校工作时间等于或超过10小时，小学教师在校内有着繁重的教学任务，他们基本上是在满负荷工作，闲暇时间不足。在有限的闲暇时间内，他们还要写论文、发表论文，这就不难理解为何居于小学教师工作压力来源前三位的因素是教学任务重、职称竞争激烈和发表论文。而论文已成为职称晋升、绩效考核、课题申报与结项等的重要指标，其最终指向教师最为关切的收入问题。对于某些小学教师来说，论文写作已成为他们沉重的负担，在这种负担之下，有时几乎没有论文写作的冲动，甚至对论文写作产生反感。

论文写作的初衷是促使教师反思自身的教育教学实践，但是，当前教师需要花费大量的时间用于撰写论文，这实质上加大了教师的工作强度，延长了其工作时间，使论文写作陷于工具理性的逻辑之下，受到权力逻辑的控制。在情境压力和时间受限的情况下，有的小学教师的工作压力日渐增加，用于教学、学习、反思的时间反而受到挤压，这与小学教师发展的目标相背离。

在小学教师职称改革方面，笔者建议降低外在的工具性要求，以释放小学教师内在动机生发的空间。在教学任务重的客观教育现状暂时无法改变的情况下，要减轻小学教师的负担，最直接也是最得人心的方法就是取消或者降低对小学教师发表论文的要求。这样小学教师才能有时间和精力关注学生，才能将更多的爱与关注给予学生。在美国访学期间，从笔者随机取样进行的访谈来看，美国、加拿大、日本、土耳其、巴西、智利的小学对教师都

没有发表论文的要求。2015 年，我国最新的中小学教师职称改革中已经体现出这一点，"注重教育教学一线实践经历，切实改变过分强调论文、学历的倾向"①。但是，就笔者于 2016 年在江苏省的访谈调研来看，各区级教育局尚未降低对小学教师发表论文的要求。

四、向社会分权，扩大评价小学教师的范围

调查显示，同级竞争因素与公平性高度相关，小学教师高度关注考核、评价、遴选过程中的公正性。目前，公办小学的市场化、民主化程度还远远不足，至于在向家长等社会群体分权方面则更为欠缺。学校发展中还没有形成平行发展、互动、多样化的社会网络组织。

社会参与学校管理已成为世界教育发展的重要趋势。学校教育作为一项公共事业，其发展的重要前提就是全社会要达成教育公共事业权力开放多元的统一认识，允许并鼓励社会各个层面参与学校治理，让学校形成一种海纳百川的开放和包容胸怀。《小学教师专业标准（试行）》中提出，"与家长进行有效沟通合作"②是小学教师专业标准之一。从本书问卷调查的数据来看，这一专业标准符合现状：师生关系已成为影响小学教师发展的重要因素之一，并且师生关系和教师与家长的关系高度相关。也就是说，让家长参与学校管理以及小学教师评价，合乎事实与逻辑。

随着我国的社会转型、经济转型和政府转型，市场和民间社会的力量必将获得很大的成长空间。由家长、教师和其他民间代表组成的多元联盟组织将确立家长、教师和公众的利益表达与社会协商机制，使社会中的各个相关群体获得更多表达利益需求的合法渠道。未来将会形成强大的民间场域，在家长、教师、校长、教育行政主管部门等各个利益主体之间搭建起一座民主协商的桥梁，在动态平衡中使他们共同参与到小学教师评价的过程中来。"消解制度化教育中的'制度壁垒'，核心还在于权力的分配与再分配，利益

---

① 中华人民共和国人力资源和社会保障部，中华人民共和国教育部.人力资源社会保障部 教育部关于印发《关于深化中小学教师职称制度改革的指导意见》的通知[EB/OL].（2015-08-28）[2015-12-05].http://www.moe.edu.cn/jyb_xxgk/moe_1777/moe_1779/201509/t20150902_205165.html.

② 中华人民共和国教育部.教育部关于印发《幼儿园教师专业标准（试行）》《小学教师专业标准（试行）》和《中学教师专业标准（试行）》的通知[EB/OL].（2012-09-13）[2018-12-31].http://old.moe.gov.cn/publicfiles/business/htmlfiles/moe/s6991/201212/xxgk_145603.html.

的表达与再表达。"①目前,较为务实的改进措施是在评价小学教师工作时扩大评审范围,吸收家长或家长代表参与到小学教师评价的过程中来,以拓宽渠道,增进公平。这样将会有力地促进小学教师与家长进行广泛、深度交往,既能促进学校真正实现开门办学,也能提高民众对教育的满意度。

对于小学教师来说,开放评价体系将促进他们与外界建立起一种有力的、充满生机的联盟,对其综合素养的提升大有裨益,"只有当部分教师跳出了与外界隔绝的小圈子、与广阔的外部世界发生联系的情况下,才会获得智慧,获得对人和客观事物的知识"②。

第二节 用制度和情怀促进小学教师发展

访谈中,校长和小学教师都表达了这样的观点:做小学教师是一份良心活。相关实证研究表明,"教师的专业认同与敬业动力主要来自传统文化而非专业训练或社会制度"③。专业认同是小学教师发展最基本、最重要的内容,在专业化的大趋势中,仅从学校或教师内部进行专业认同教育和师德教育是低效的,因为传统文化因素只有在制度中才会对人的行动产生整体性作用。因此,促进教师专业发展的关键在于要有真实可靠的制度设计,"因为普通人在其有限的环境中是没有力量解决由体制或体制缺失所施加于身上的困扰的"④,一个科学、理性、系统、实事求是的制度是小学教师发展的根本保障。与此同时,也需要教师个体做出自我提升的努力,传承中国传统的师道文化,用理想与情怀、学习与反思来丰富自己的职业生涯。

---

① 张天雪.校长权力论——政府、公民社会和学校层面的研究[M].北京:教育科学出版社,2008:9.
② [法]保尔·朗格朗.终身教育引论[M].周南照,陈树清译.北京:中国对外翻译出版公司,1985:35.
③ 彭小虎.小学教师专业发展的社会背景变量分析[J].教育研究与实验,2011,(6):30-34.
④ [美]C.赖特·米尔斯.社会学的想像力[M].陈强,张永强译.北京:生活·读书·新知三联书店,2012:9.

一、尊重小学教师的个人权利

中华人民共和国成立以来,教师通常被比作蜡烛、春蚕、妈妈,他们必须用无我和舍我的精神无条件地付出,全身心地从事教育工作。但是,这种一味倡导付出的理念随着我国经济体制的改变也应发生变化。20世纪90年代,以邓小平同志的南方谈话为起点,中国经济体制改革开始进行,计划经济开始全面向社会主义市场经济转型,以重新配置资源和重新建构社会生活运作机制为目标的经济和社会改革发生了。中国社会总体上发生了全方位的解体与分化,传统的社会关系、市场结构及社会观念的统整性格局被打破,取而代之的是不同利益族群的差异化诉求,人们从过去的普通追求整体利益转变为今天的合理追求个体利益,个人的自主、自由、利益和权利意识不断增强。但是,由于教育体制改革一直处于"原地踏步"的状态,公办教育相比其他在市场经济条件下发育正常的行业显得保守。教师身处于学校与社会的夹缝当中,他们往往进退维谷、左右为难,成为社会转型期道德困境的承担者。

所以,今天我们不宜以"社会整体福利"之名来对教师进行不切实际的道德"捆绑",而要从个人和人性的角度为教师"松绑",尊重与重视教师的个人权利,肯定教师对名利追求的正当性,而这与继续倡导教师发扬奉献精神并不矛盾,甚至可以圆融地达成统一。"为什么有人认为一个人必须在以下两种情况下作出选择:是牺牲自己去做有益于别人的事情呢?还是牺牲别人,以求达到自己独有的目的呢?实际的情况是,因为这两种事情没有一件是能够持续进行的,我们就想出一种折衷的办法,两方面交替进行。一个人轮流尝试两件事中的一件事。"[1] 由此,今天的教师楷模不应再是贫困和伤痛的形象,取而代之的应该是健康、自信、会生活、有个性并且乐于奉献的现代教师形象。

二、保障小学教师拥有良好且稳定的物质生活

调查显示,居于小学教师生活压力来源前两位的是经济收入和工作压力,而专业发展则较靠后。可见,当前小学教师发展的需求仍处在外部驱动

---

[1] [美] 约翰·杜威. 民主主义与教育[M]. 王承绪译. 北京:人民教育出版社,2008:58.

阶段，普通教师仍需要"为三斗米折腰"，离真正意义上的自我驱动的专业发展尚存在差距。在不少小学教师看来，教师职业仅是一份工作，而且是一份压力较大的工作，还并非事业。近年来，绩效工资制度实施以后，公立小学教师的收入增长缓慢。调查显示，收入低是小学教师离开教师行业的最主要原因。

从全国的统计数据来看，"2012年我国小学教师年均工资达到4.6万元，是2000年的5.7倍……但是，小学教师年均工资低于4万元有11个省份……各省中小学教师收入指数明显偏低，与经济发展水平极不适应"[1]。收入低已成为影响小学教师发展的重要因素，为了提高收入，一些小学教师不惜放弃公立学校的教职，这一趋势从近年来日益增多的"公办名师进民办"现象中可见一斑。

小学教师有着较高的物质需求，其发展还处于较低层次的解决"我与物"的发展阶段。孟子说"有恒产者有恒心，无恒产者无恒心"[2]，司马迁说"渊深而鱼生之，山深而兽往之，人富而仁义附焉"[3]。"对于儒家来说，财富是能够高尚地，亦即合乎尊严地生活，并致力于自身的完善的重要手段，对于用什么手段来改善人这个问题的答案是：'富之！'因为只有富了，人们才能'不失身份、合乎地位'地生活。"[4]所以，国家要进一步加大教育投入，在制度设计和运行上保障全体教师都能过上自尊、自主的物质生活，让所有教师特别是处于边缘地位的教师都能过上体面、有尊严、有社会地位的生活，让他们都能无后顾之忧地安心于教育教学工作，从而实现整体上提升全民族儿童素质的大目标。唯有教师安定了、发展了，教育教学的质量才有可能真正提高，学生发展、学校发展乃至民族复兴才能有坚实的基础。

三、评价小学教师要突破绩效思维

从调查来看，中美两国在小学教师发展中都充分运用了名利的杠杆作用，将小学教师发展与其职业晋升、提高收入相捆绑，以产生系统性的激励效果。从根本上说，中美两国的小学教师发展遵循的都是行为主义的管理思

---

[1] 杜晓利.我国中小学教师工资水平的比较分析与若干建议[J].中国教育学刊，2015，(4)：27-31.
[2] 杨伯峻编注.孟子译注（上册）[M].北京：中华书局，1962：117.
[3] 杨锺贤，郝志达.全校全注全译全评史记（第五卷）[M].天津：天津古籍出版社，1997：697.
[4] [德]马克斯·韦伯.儒教与道教[M].王容芬译.北京：商务印书馆，1996：297.

小学教师发展影响因素研究——基于江苏省的调查

路。行为主义是当代最重要，也是使用最多、最有效的心理学流派，其基本假设是：行为是学习者对环境刺激所做出的反应，学习是刺激与反应之间的联结。目前的小学教师发展制度基本上是按照斯金纳的操作性条件作用理论设计实施的，把名（头衔）、利（收入）作为对主体的刺激，以激发并强化主体产生相应的行为反应——主动参加各种教师培训。于是，小学教师发展、参加官方培训、满足物质需求三者结合在一起，产生了系统性的激励与强化效果。

但是，两国的差别在于：中国学校对小学教师个体实施的是稳定、统一的绩效考核，考核的方面有两个，分别是教学水平（各类赛课、学生分数）和学术水平（发表论文、课题研究）；而美国公立学校的做法是有意识地弱化对小学教师的绩效考核，不对小学教师进行层级上的划分，不对小学教师进行教学水平的评比，对小学教师没有发表论文的要求，不用外在的、可见的、能测量的绩效来评价小学教师，而是用发展、自由、赋予更多决策权等内在的精神性奖励默默地推动小学教师往前走。

问卷调查显示，教学任务重和发表论文压力大分别居于江苏省小学教师工作压力来源的第一位和第三位，这体现出绩效考核给小学教师带来的压迫感。在绩效考核的思路下，整体的人可能被解构了，从而导致出现了某些只重片面而缺少整合、只重业绩而轻师德的现象。"教师考核的政策制度是对教师在完成学校工作任务的数量、质量、效率及态度等方面情况的考查与评定有关的政策制度……学校对教师进行考核，教育行政部门对教师的考核工作进行指导、监督。"[1]教师发展被分解为可以量化与测量的片断，就连上课也被分解为若干维度，并被测量和评分。于是，内在的、整体的正德修身由于无法被测量而被忽略、被挤压，在体制内无处安放，"孔子游春"式的整体、个性、灵活与浪漫不见踪迹。在量化考核与排名中，很多小学教师已经成为或者受现实"教育"的影响而正在成为"精致的利己主义者"。那么，对于绩效考核中的教师道德该如何衡量？现在的小学教师能否一如历史上的教师那样担负起教化子弟、传承文明的重任？这是第一个难题。

现实中的第二个难题是，当前，小学内部的绩效考核几乎失效。绩效考核的本意是贯彻多劳多得的分配原则，但是如何界定"多劳"以评价教师成为关键，最后只能简单、机械地比较论文和课时的数量，完全无视教师工

---

[1] 白晓明，柳国梁等.基础教育教师发展：政策与制度[M].杭州：浙江大学出版社，2011：21.

作的复杂性与长远性。从访谈中可以看到,绩效工资的实施已经引起了成熟教师与年轻教师之间的对立,造成了新的不公平,教师之间无法深层次合作。而更为深层次的危害是其削弱了某些教师职业的神圣感和使命感,使他们的职业认知产生偏差。

  小学教师对小学生的影响不仅在教授知识和技能方面,更在于价值观与人生观的身教与言传。现在的问题是,在绩效考核与排名中的小学教师已经被割裂和异化了。朱永新将当前教师的选择分为三类:"一些教师选择了以社会认可的名利为人生目标,通过公开课获奖、发表论文、出版著作等方式确立自己的价值。另外一些教师则出于对西方教育的想象,尤其是对于另类教育的悠然神往……往往会成为否定一切的虚无主义者。还有相当数量的教师,或自觉地认同应试制度,把分数作为最高的要求,在你争我斗中寻找自己的存在价值,获得成功感,或采取一种犬儒的姿态,将教育职业仅仅作为一种谋生工具,视工作为一种不得已的交易。"[①]

  以上三类教师都无法培养出符合未来世界需要的人。未来世界需要有创造力、有责任心、有同理心、能观察趋势以及能为事物赋予意义的人,而这样的人必须由这样的教师来培养。所以,今天的小学教师发展需要改革,要将小学教师视为完整的人、自由自治的人、追求自我实现的人、对自己的职业使命有着清楚认知的人。这就需要进行小学教师发展的制度更新,使小学教师不再仅凭着良心做事,而是通过有意识、有设计的制度建设和开发活动,使小学教师能根据专业伦理从事更高层次的教育教学工作。

四、用中国传统的教育情怀和师道文化感染小学教师

  波澜壮阔的中国教育起源于上古时期,在历史的长河中跌宕起伏,延绵不绝,东方教育古国的精神与情怀在世界教育坐标中独放异彩。今天,要确立中国教师发展的主体价值,还需要把中国传统的教育思想完整地呈现出来。整理的过程也是寻根的过程,在丰厚的思想宝库中找到与现代教师发展的对接处,对传统进行"创造性的转化"或者"转化性的创造",是我国教师发展得天独厚的精神资源。

  在中国传统文化中,"师范"二字指的是"学高为师,身正为范"。教

---

① 朱永新. 我的教育理想[M]. 北京:文化艺术出版社,2011:215.

师通过学高与身正两个方面为社会大众树立起榜样。教师要有传道、授业、解惑的专业责任,更要有"为天地立心,为生民立命,为往圣继绝学,为万世开太平"的担当。正如唐代的韩愈在《师说》中所说:"道之所存,师之所存也。"① 中华民族悠久的文化传统历来重视内圣外王、内外兼修之道,通过内明之学达到外用之效。《大学》有言:"自天子以至于庶人,壹是皆以修身为本。"② 中国传统文化的优越性不在于其枝枝节节各方面,而在于整体的性质。中国人认为教师不是一门专业,而是整体人格的养成。这种定义性陈述一直延续到中国的近代和现代。根据教育部颁发的《中小学教师职业道德规范(2008年修订)》《高等学校教师职业道德规范》中的规定,教师要"志存高远,勤恳敬业,甘为人梯,乐于奉献"③,要"学为人师、行为世范"④。

从古至今,中国教育都是以积极入世和理性的精神面貌存在的。两千多年来,以儒家文化为主导的中国社会是一个世俗化的社会,中国采用了理性主义的政治思想体系,倡导积极的入世哲学,相信人的力量而不是神的力量,而人的力量体现为人的学习与反省能力,通过学习与反省来顺应外在环境直至改变外在环境。《孟子》有言:"爱人不亲,反其仁;治人不治,反其智;礼人不答,反其敬——行有不得者皆反求诸己,其身正而天下归之。"⑤ "儒家没有什么教条给人;有之,便是教人反省自求一条而已。除了依赖人自己的更改,不再信其他。这是何等精神!人类便再进步一万年,怕亦不得超过罢!"⑥ "罗素论中国历史相传的文化,最重大之特殊点有三:一是文字以符号构成,不用字母拼音;二是孔子之伦理为标准而无宗教;三是治国者为由考试而起之士人,非世袭之贵族;实则其余二者远不如'无宗教'之可异……替代一个大宗教,而为中国社会文化中心的,是孔子之教化。"⑦ 中国教师都有着浓郁的入世、济世、学习、反思的情怀,"君子有九思","不愤不启,不

---

① 出自唐代韩愈《师说》。
② 王国轩译注. 大学・中庸 [M]. 北京:中华书局,2007:5.
③ 中华人民共和国教育部,中国教科文卫体工会全国委员会. 教育部 中国教科文卫体工会全国委员会关于重新修订和印发《中小学教师职业道德规范》的通知[EB/OL].(2008-09-01)[2019-01-03].http://www.moe.gov.cn/publicfiles/business/htmlfiles/more_2391/201212/xxgk_145824.html.
④ 中华人民共和国教育部,中国教科文卫体工会全国委员会. 教育部 中国教科文卫体工会全国委员会关于印发《高等学校教师职业道德规范》的通知[EB/OL].(2011-12-23)[2019-01-03]. http://old.moe.gov.cn/publicfiles/business/htmlfiles/moe/s5972/201201/xxgk_129190.html.
⑤ 杨伯峻编注. 孟子译注(上册)[M]. 北京:中华书局,1962:167.
⑥ 梁漱溟. 中国文化要义 [M]. 上海:上海人民出版社,2013:103.
⑦ 梁漱溟. 中国文化的命运 [M]. 北京:中信出版社,2010:27-29.

悱不发，举一隅不以三隅反，则不复也"①。教师具有融入社会潮流并积极解决社会问题的价值追求，他们以天下为己任，传道、授业、解惑。

儒家经典中既有关于哲人的道德文章，又蕴含着丰富的教育学理论。孔子认为，教师应当"默而识之，学而不厌，诲人不倦"②，孟子说"学不厌，智也；教不倦，仁也；仁且智，夫子既圣矣"③。这些都非常明确地表示出了教师应当做终身学习的表率，作为教师，既要有好学的上进之心，也要坚持用仁爱之心将知识传授给学生，这样的教师堪为"圣人"。"是故学然后知不足，教然后知困。知不足，然后能自反也，知困，然后能自强也。故曰：教学相长（促进）也。《兑命》曰：'学学半'。"④在传统中国，人与学是画了等号的，人活着就要学习，学习是人之所以为人的本质属性，教师率身垂范，师严道尊，整个社会弥漫着浓浓的书香气息，这是中华民族宝贵的精神财富。

教师作为知识分子的重要组成部分，保持与传承着中华民族的良知与智慧。理想的教师就是做人的榜样，是人们学习和效仿的对象。自强不息、厚德载物的民族精神已经深入中国教育的骨髓，成为中国教育文化的本质，也孕育了当代教师学习、反思的精神内核。2012年，教育部颁发《小学教师专业标准（试行）》，其中提出，小学教师需"具有终身学习与持续发展的意识和能力，做终身学习的典范"⑤。今天的立德树人与中国传统的师道文化一脉相承，传统的教育情怀与师道文化将在新时代的新教师身上焕发出新的生命力。

第三节　以需求评估为基础完善教师培训体系

中华人民共和国成立以来，在小学教师培训方面的做法是：有计划地

---

① 杨伯峻译注．论语译注[M]．北京：中华书局，1980：68，177．
② 杨伯峻译注．论语译注[M]．北京：中华书局，1980：66．
③ 杨伯峻编注．孟子译注（上册）[M]．北京：中华书局，1962：63．
④ （元）陈澔注．礼记集说[M]．上海：世界书局，1936：199．
⑤ 中华人民共和国教育部．教育部关于印发《幼儿园教师专业标准（试行）》《小学教师专业标准（试行）》和《中学教师专业标准（试行）》的通知[EB/OL]．(2012-09-13) [2019-01-03]．http://old.moe.gov.cn/publicfiles/business/htmlfiles/moe/s6991/201212/xxgk_145603.html．

小学教师发展影响因素研究——基于江苏省的调查

对小学教师进行培训,以自上而下、统一、整体、稳定的姿态将国家课程标准和教育教学要求传递至全国每一位小学教师。但是这种思路的培训缺乏对小学教师的需求评估,难以激发小学教师的自主学习意识,从而陷入形式主义的泥淖之中。"真正的教育过程,不是集中在随意确定为教育内容的知识体系上,而是集中在人的需要、他的愿望,以及他与客观物体和人构成的世界之间所保持的活的关系上。"[①]教育发展如果不能让教师作为主体认识自己,就无法从根源上解决自己与外界的问题。据此,教师培训必须以教师需求评估为基础才能真正取得实效。

一、教师培训要体现当地小学教师的需求

教师发展的意义在于促进教师的自我意识和自我概念的成熟,伴随着自我概念成熟的必然是经验的积累与丰富,这些经验是教师进行教学与学习的重要基础。教师发展工作如果无视教师的自我概念和自我经验,则必然是低效的、无效的,甚至会引起教师的反感。"成人虽然可能在特定情境中暂时依赖他人,但是他却有一种心理需要,希望在一般情况下独立自主……人们随着自己的成熟和发展,会积累越来越多的经验。这些经验可以成为他自己和他人的丰富的学习资源。"[②]

官方培训因素内各项目关联性分析显示,小学教师对培训的整体性评价与该培训对小学教师专业能力提升的帮助之间呈高度相关,这给小学教师培训主办方的启示是:小学教师培训项目一定要以教师的需求为出发点,只有那些深受小学教师喜爱与认同的项目才能真正起到促进小学教师发展的作用。问卷调查显示,90%的小学教师对学校组织的继续教育的态度是正向的,超过70%的小学教师对培训的长期效用和即时效用持认可和肯定态度,这说明官方培训在小学教师中有着良好的基础和效果。同时,调查也显示,在工作时间内进行学习是江苏省小学教师最认可的时间安排,其次是半脱产、全脱产学习,而节假日学习是他们最不认可的时间安排。如果主办方将官方培训的时间安排在节假日,则肯定会引起教师的抵触情绪。此外,江苏省小学教师认为最有效的学习方式是小组学习,其次是一对一的师徒制,最

---

① [法]保尔·朗格朗.终身教育引论[M].周南照,陈树清译.北京:中国对外翻译出版公司,1985:129.

② [美]马尔科姆·诺尔斯.现代成人教育实践[M].蔺延梓译.北京:人民教育出版社,1989:41.

不喜欢的培训方式是专家讲座,这也提示相关部门,在开展官方培训时要注意多开发一些团队项目。总之,在官方培训前需要进行调研,倾听当地小学教师的心声,对小学教师发展的需求进行评估,以使培训项目能够贴近并满足他们的实际需求。

二、让小学教师感受到参加培训是一种福利而不是负担

在美国,教师发展是由教师个体自我选择、自我负责的一项高消费和自我投资,这是小学教师个人的事情,教师所在的学区和学校一般不会为小学教师提升学历提供学习经费。小学教师需要自费参加发展项目,而且没有薪水,虽然也有部分企业或民间机构的支持,但是非常少。以笔者所参与的加利福尼亚大学伯克利分校为例,19位小学教师中只有1人受到社会资助,其他18人都是自费。加利福尼亚大学伯克利分校小学教师发展项目的学费约4.3万美元;加利福尼亚大学戴维斯分校小学教师发展项目的学费约4.3万美元;斯坦福大学小学教师发展项目的学费约4.5万美元。斯坦福大学是私立大学,学费要高于公立大学,但其有一条减免政策是:如果学员能在毕业后到薄弱学校执教四年,则其学费全免。

美国学区和学校鼓励小学教师到大学参加专业培训和提升学历的做法是:将小学教师参加培训的课时与小学教师的收入对应起来。以旧金山地区为例,当在职教师完成了60个学时的大学课程时,他们的收入就会提高一个档次;当完成了90个学时的大学课程时,他们的收入又会提高一个档次。当拿到硕士和博士学位后,他们不仅有薪酬上的回报,而且能向上晋升——当小学教师拿到硕士学位后,他们就有机会成为学校的管理者;当小学教师拿到博士学位后,他们就有机会成为小学校长。总之,美国小学教师的薪酬随着他们到大学进行专业学习课时的增加以及学历的提升而增加,但教育管理部门和学校不做硬性要求。从美国小学教师的角度来看,自费到大学参加专业培训是有回报的,而且是一种有高回报的自我投资。加之参加专业培训前需要通过严格的资格考试,机会来之不易,所以美国小学教师非常珍惜参加专业培训的机会,他们会全身心地投入到学习之中。

我国的小学教师培训则相反,小学教师培训经费被列入政府预算中,对于小学教师来说,官方培训是免费的,几乎没有门槛,而且与收入增加没

有直接关联，因而常常被某些小学教师视为一种外在的、不得不完成的工作，甚至是一种负担，因其侵占了自己的私人时间。如何让小学教师感受到参加培训是一种福利与机会而不是负担，还需要进行深入调研。从美国的经验来看，可以将参加教师培训与小学教师的收入、荣誉进行一定程度的关联。与此同时，通过进行"供给侧"的改革，切实提升培训的质量，可以从根本上增强教师培训对小学教师的吸引力。

三、在小学教师发展必修课时中设置身心兼修课程

"由于传统中对教师职业的社会功能的强调，所以教师常常背负着沉重的社会使命而前行。同时社会也总是以外部力量约束、导引教师的发展，却忽视了教师作为独立个体的主观能动性。其结果是，教师或将自己的职业仅仅视为谋生的手段而'无奈苦捱'，或默默牺牲将吃苦视为享受，相应地，教师的发展表现出缓慢而沉重的特征。"[①] 目前，小学教师的压力仍然源于收入低、教学任务重和竞争激烈等方面，还没有整体实现小康，种种压力所造成的焦虑不仅给小学教师本人带来健康方面的困扰，而且会将焦虑情绪传递给学生。在这种情况下，要想让小学教师主动地、自由地、活泼地学习与发展，几乎是不可能的。因此，教师培训就要围绕"关心"来组织教师发展项目，通过创造宽松、自由、和睦、关爱的氛围，使教师在忙碌的职业生涯中找到精神的家园，以消除教师的职业倦怠。

按照教育部的要求，小学教师需要在五年内参加360课时的培训，即平均每年要参加72课时的培训，平均每月要参加6课时的培训。我国教师培训的思路在很大程度上受到苏联的影响，强调高效率、结构化地传授知识与能力，强调以智育为中心，进行分科教学，这种思路最大的问题就是过于实用化和专业化。在互联网时代的今天，教师培训中出现了种种不利于创新的问题。

中华文化的思想起源于三皇时期的"八卦"和夏商周时期的"三易"，成熟于战国时期的"百家"，这些都是中华文化的源头活水。根据我国传统文化的思想，要身心兼修，儒道互补，整体提升人的生命质量。我们在改革小学教师发展课程时，可以减少专业课程，代之以菜单式与享受型的课程，

---

① 叶澜，白益民，王枬等.教师角色与教师发展新探[M].北京：教育科学出版社，2001：前言.

如书法、健康、太极、茶道、插花、围棋、诗歌等，让小学教师能够不带功利性地学习一门"无用"的艺道，以缓解其绩效竞争的压力。为了解决年轻教师特别是年轻女教师要照顾孩子的问题，还可以开发亲子互动课程，或是为她们提供照看孩子的服务，用关心与体贴取代控制与功利。

四、建立和完善小学教师的工作场所学习体系

只有理解了教师工作的本质，才能理解工作场所学习的意义。教师工作的特点就是情境性，因材、因地、因时施教，这是教师职业的性质，也是教师工作创造性的源泉。

美国小学教师实行的是多学科教学，即一名教师包揽了一个班级的主要课程，所以小学教师又被称为"班级教师"。一般来说，除了音乐课与美术课之外，班级教师要上的课有语言、数学、社会研究、艺术、科学等，此外还要负责班级日常管理。小学教师发展项目所培养的是能胜任所有课程与管理的包班型、全科式教师。因此，工作场所学习就成为小学教师发展项目的重要内容，也是学历晋升中的重要指标，其重要性与大学课堂内的理论学习并驾齐驱，二者同等重要。美国在小学教师发展项目中已经开发出一套完整的培训与评价体系，在细节上对小学教师的工作场所学习做出了详细的描述与引导，这对我国的小学教师发展改革具有启发意义。

对于小学教师来说，"学习不再被定义为一种仅存在于教室情境中的'前置性'的活动；而工作也不再被视为是静态的、能预先被确定的存在"[1]。接下来，培训研发者需要尝试将工作场所学习理论运用于促进小学教师专业发展这一场域，将小学教师视为主动进取的成人学习者，将学校这一工作场所改进为学习型组织，开发出平等、自由、互惠的教师学习项目，进而尝试建构出一种自主性的小学教师发展体系。学校与课堂应当既是小学教师的工作空间，也是小学教师进行学习与研究的场所，从而把小学教师的教学工作和专业学习统一起来。因此，我们需要在比较中对小学这一场域进行一些必要的改变或者更新，使其能够由原来的状态发展为一个教师能从中得益的工作和学习的场所，也许这一工作和学习场所正是我们孜孜以求却求之不得的

---

[1] Vaughan K，Roberts J，Gardiner B. Young people producing careers and identities.the first report from the pathways and prospects project[EB/OL]．（2006）[2018-09-10]. http://www.nzcer.org.nz/system/files/14869.pdf.

"学习型学校"乃至"学习型社会"的样本。如果这一追求能够实现,那么在学校中就能自然能唤起小学教师进行主动学习、终身学习的内在诉求,让其置身于学习共同体中,最终实现终身学习、终身发展。

本章小结

根据前面章节所述,小学教师发展在竞争规则、考核体系及培训制度方面均存在问题,这些问题使得小学教师发展一直难以达到自我探索、自我确立的更高境界。本章以问题解决为导向,提出了切合中国国情的促进小学教师发展的路径建议。

(1)提升小学教师晋升规则的合理性与公平性。拓宽小学教师的发展通道;对一般学校和薄弱学校的普通教师进行资源补偿;取消或者降低对小学教师发表论文的要求;向社会分权,扩大评价小学教师的范围。

(2)用制度和情怀促进小学教师发展。尊重小学教师的个人权利;保障小学教师拥有良好且稳定的物质生活;评价小学教师要突破绩效思维;用中国传统的教育情怀和师道文化感染小学教师。

(3)以需求评估为基础完善教师培训体系。教师培训要体现当地小学教师的需求;让小学教师感受到参加培训是一种福利而不是负担;在小学教师发展必修课时中设置身心兼修课程;建立和完善小学教师的工作场所学习体系。

总之,促进小学教师发展,既要依靠自上而下的行政推进,又要有赖于小学教师由内而外的自主拓展,还需要借助于促成社会资源内外交融的整合。

参考文献

柏拉图.理想国[M].郭斌和,张竹明译.北京:商务印书馆,1986.
包亚明.文化资本和社会炼金术——布尔迪厄访谈录[M].上海:上海人民出版社,1997.
曹慧英.我国小学教师专业化发展战略与路径选择[J].教育研究,2014,(3):138-143,158.
陈柏华.小学教师教材观研究[D].华南师范大学博士学位论文,2007.
陈平.中国道路的本质和中国未来的选择[J].经济社会体制比较,2012,(3):1-23.
陈萍.教师专业发展之道:我的教育叙事与生命感悟[M].北京:人民教育出版社,2008.
陈霞.教师专业发展的实效性研究[M].北京:北京大学出版社,2012.
杜军.不同来源小学教师人格因素与职业认同关系的比较研究[J].上海教育科研,2014,
　　(7):37-40.
杜亚泉.接续主义//高力克.调适的智慧:杜亚泉思想研究[M].杭州:浙江人民出版社,
　　1998.
樊香兰,孟旭.新中国小学教师来源渠道和培养途径的变迁[J].教育史研究,2006,(1):
　　10-13.
方贤忠.教师专业发展的4项基本技能:备课,说课,观课,评课[M].上海:华东师范
　　大学出版社,2013.
方晓东,李玉非,毕诚等.中华人民共和国教育史纲[M].海口:海南出版社,2003.
房超平.教育现场对话1:教师发展的阿基米德点[M].北京:教育科学出版社,2012.
斐迪南·滕尼斯.共同体与社会:纯粹社会学的基本概念[M].林荣远译.北京:商务印书馆,
　　1999.
冯建华.见证新中国教育60年发展——专访中国教育学会会长顾明远[N].中国社会科学
　　报,2009-10-27,第5版.
冯卫斌.建国初期我国中小学教师在职培训述评[J].安徽教育学院学报,2002,(1):
　　111-114.

冯晓霞. 教师专业发展的生命关照——基于农村小学教师生存状态的调查 [D]. 南京师范大学硕士学位论文, 2009.

高俊霞. 农村小学教师专业发展影响因素及对策——以河北省遵化市小学教师为例 [J]. 现代中小学教育, 2013, (3): 59-63.

顾明远. 必须使教师职业具有不可替代性 [J]. 瞭望周刊, 1989, (Z2): 9.

顾明远. 李吉林和情境教育学派研究 [M]. 北京: 教育科学出版社, 2011.

顾明远. 师范教育的传统与变迁 [J]. 高等师范教育研究, 2003, 15 (3): 1-6.

郭润宇. 八十年来中国各主要工薪阶层工资及生活状况之比较 [J]. 人文杂志, 1994, (6): 64-68.

汉娜·阿伦特. 人的境况 [M]. 王寅丽译. 上海: 上海人民出版社, 2013.

郝敏宁. 影响教师专业发展的因素分析——兼论促进教师专业发展的策略 [D]. 陕西师范大学硕士学位论文, 2007.

何齐宗. 教师教育与教师发展研究 [M]. 北京: 中国社会科学出版社, 2014.

何雪玲. 农村小学教师专业发展的制约因素及破解策略 [J]. 继续教育研究, 2013, (6): 53-55.

贺敬雯. 教师愿景与教师发展的关系研究 [D]. 东北师范大学博士学位论文, 2014.

胡方. 文化理性与教师发展: 校本教研中的教师文化自觉 [D]. 西南大学博士学位论文, 2013.

黄仁宇. 万历十五年 [M]. 北京: 生活·读书·新知三联书店, 1997.

蹇世琼. 生命历程理论视域下教师认同发展轨迹及其影响因素研究 [D]. 东北师范大学博士学位论文, 2013.

卡尔·曼海姆. 意识形态与乌托邦 [M]. 黎鸣, 李书崇译. 北京: 商务印书馆, 2007.

赖秀龙. 谁主沉浮: 国外义务教育师资均衡配置政策的影响因素分析 [J]. 外国中小学教育, 2011, (10): 1-6, 26.

兰军. 基于教师发展的中小学教师培训模式研究 [M]. 武汉: 华中科技大学出版社, 2012.

李春玲. 社会政治变迁与教育机会不平等——家庭背景及制度因素对教育获得的影响 (1940—2001) [J]. 中国社会科学, 2003, (3): 86-98.

李建辉, 卢妙香. 城乡中小学师资均衡配置的影响因素分析 [J]. 赣南师范学院学报, 2013, 34 (5): 94-98.

李金巧. 五项修炼与教师发展: 转变教师思维方式的艺术与技巧 [M]. 上海: 复旦大学出版社, 2010.

李景. 西北农村小学教师专业发展的影响因素分析——以甘肃省为例 [J]. 教育测量与评价 (理论版), 2009, (10): 22-25.

李彦荣. 民国时期上海教师的薪水及其生活状况 [J]. 民国档案, 2003, (1): 63-66.

参考文献

李正福. 教师发展力 [M]. 长春：东北师范大学出版社，2013.

李壮成. 农村中小学教师职业认同现状调查——以四川省为例 [J]. 教育测量与评价（理论版），2009，（10）：19-21，9.

李子建，张善培. 优化课堂教学：教师发展、伙伴协作与专业学习共同体 [M]. 北京：人民教育出版社，2009.

联合国教科文组织国际教育局. 教育展望——教育质量改进与教师发展的多维视角 [M]. 上海：华东师范大学出版社，2013.

梁漱溟. 东西文化及其哲学 [M]. 北京：商务印书馆，2013.

刘初生，陈天星，丁进波等. 中小学教师的现状与需求的调查报告 [J]. 湘潭师范学院学报（社会科学版），2003，25（6）：111-115.

刘慧，陈惠国，夏京颖. 新课改对小学教师专业发展影响因素分析——基于北京市朝阳区小学教师的问卷调查 [J]. 中国教育学刊，2009，（12）：66-69.

刘杰. 教师发展支持体系建设研究报告集 [M]. 昆明：云南大学出版社，2011.

刘平，胡亚南. 南洋公学师范院之考略 [J]. 云南档案，2013，（12）：15-17.

刘晴. 中小学教师职业倦怠影响因素及模型研究 [D]. 华中科技大学博士学位论文，2007.

刘玉梅. 清末民初（1901—1921）教师群体研究——以直隶为考察对象 [D]. 北京师范大学博士学位论文，2007.

卢梭. 爱弥尔——论教育（上）[M]. 李平沤译. 北京：商务印书馆，1978.

罗纳德·D. 约克奇. SPSS其实很简单 [M]. 刘超，吴铮译. 北京：中国人民大学出版社，2011.

吕国光. 教师信念及其影响因素研究 [D]. 西北师范大学博士学位论文，2004.

马克斯·韦伯. 学术与政治 [M]. 冯克利译. 北京：生活·读书·新知三联书店，2010.

马维娜. 论教育理论与教育事实之自觉对话 [J]. 教育科学，2002，18（1）：1-3.

迈克尔·艾普尔，刘丽玲. 市场、标准与不平等 [J]. 教育研究，2004，（7）：71-77.

卯静儒. 个人的/政治的：艾波的权力、知识与教育 // 苏峰山. 意识、权力与教育——教育社会学理论导读 [C]. 南华大学教育社会学研究所，2005.

牟秀娟. 南京国民政府乡村师范教育运动述论（1927年－1937年）[D]. 山东师范大学硕士学位论文，2008.

宁虹，王志红等. 重新理解教育——来自教师发展学校的报告 [M]. 北京：教育科学出版社，2010.

潘丽芳. 教师实践性知识研究——以S市小学教师为例 [D]. 华东师范大学博士学位论文，2013

彭小虎. 社会变迁中的小学教师生涯发展 [D]. 华东师范大学博士学位论文，2005.

皮特·本顿，提姆·奥布赖恩. 全纳教育与教师发展 [M]. 范晓慧译. 北京：北京师范大学出版社，2008.

钱穆. 国史新论 [M]. 北京：生活·读书·新知三联书店，2012.

乔雪峰，卢乃桂，黎万红. 从教师合作看我国校本教研及其对学习共同体发展的启示 [J]. 教师教育研究，2013，25（6）：74-78.

任正盼，刘云. 小学教师主观幸福感及其影响因素 [J]. 中国健康心理学杂志，2015，（6）：853-857.

单中惠. 教师专业发展的国际比较 [M]. 北京：教育科学出版社，2010.

申继亮. 教师人力资源开发与管理——教师发展之源 [M]. 北京：北京师范大学出版社，2006.

沈林. 小学数学教师教科书解读的影响因素及调控策略研究——以西师版小学数学教科书为例 [D]. 西南大学博士学位论文，2011.

沈小碚，袁玉芹. 影响小学教师课堂提问效能的因素分析及其策略研究 [J]. 课程·教材·教法，2013，（8）：36-41.

舒新城. 收回教育权运动 [M]. 上海：中华书局，1927.

宋萑，钟秉林. 走向实践与技艺化危险：中美教师教育模式改革研究——中美教师教育比较研究之二 [J]. 高等教育研究，2011，（9）：64-69.

苏红. 教师专业发展中的关键事件研究 [M]. 北京：北京师范大学出版社，2014.

孙玲，黄小群，杨华. 无锡地区职后五年内小学教师专业发展与支持需求调查报告 [J]. 江苏教育研究，2013，（1）：42-48.

孙颖. 农村教师专业成长路径选择的影响因素探析——基于对五名小学教师的实地研究与思考 [J]. 教育理论与实践，2014，（34）：42-46.

孙远路. 西南民族地区中学教师工作胜任力主要构成因素研究 [D]. 西南大学博士学位论文，2011.

汪丞. 理想与现实——中国近代小学教师任用制度研究 [D]. 华中师范大学博士学位论文，2009.

王传金. 教师职业幸福研究——以 C 市的小学教师为例 [D]. 上海师范大学博士学位论文，2008.

王海庭. 科研考核压力与人际竞争对博士生突破性创新意愿的影响研究 [D]. 华中科技大学硕士学位论文，2011.

王海燕. 实践共同体视野下的教师发展 [M]. 重庆：重庆大学出版社，2011.

王嘉毅，魏士军. 影响中小学优秀教师成长的因素分析——以 30 位优秀教师的成长经历为样本 [J]. 当代教师教育，2008，1（3）：32-36.

王雷. 劳动人民知识化：一个不容忘却的教育课题——从近代教育家争论社会教育能否制度化谈起 [J]. 沈阳师范大学学报（社会科学版），2004，28（1）：95-99.

王帅.中小学教师学业乐观影响因素研究[D].华东师范大学博士学位论文，2013.

王崧舟.听王崧舟老师评课[M].上海：华东师范大学出版社，2010.

王长纯.教师发展学校研究[M].北京：北京师范大学出版社，2009.

威尔·杜兰.世界文明史：东方的遗产[M].台湾幼狮文化公司译.北京：东方出版社，1999.

吴康宁.从利益联合到文化融合：走向大学与中小学的深度合作[J].南京师大学报（社会科学版），2010，(3) 5-11.

吴康宁.教育改革的"中国问题"[M].南京：南京师范大学出版社，2015.

吴明海，陈建波.农村小学教师专业成长现状、影响因素与发展策略——基于重庆市黔江区的调查与讨论[J].湖北文理学院学报，2014，（7）：72-77.

吴明隆.问卷统计分析实务——SPSS操作与应用[M].重庆：重庆大学出版社，2011.

吴文胜.教师发展与政治文化研究——基于教师政策演变的分析[M].杭州：浙江大学出版社，2013.

谢晋宇.可雇佣性能力及其开发[M].上海：格致出版社，2011.

熊英，朱晓芳.影响教师专业发展的因素分析[J].教育理论与实践，2013，（15）：42-43.

许烺光.美国人与中国人：两种生活方式比较[M].彭凯平，刘文静等译.北京：华夏出版社，1989.

薛海平.学生成绩提高的原理与策略[M].北京：北京大学出版社，2011.

严复.救亡决论//卢云昆.社会剧变与规范重建——严复文选[A].上海：上海远东出版社，1996.

杨宝忠.小学教师敬业度影响因素实证研究[J].心理与行为研究，2015，13（3）：341-346.

杨启亮.教师道德及其修炼的特殊性[J].教育科学研究，2015，（1）：37-42.

杨晓平.中小学教师非正式学习研究——基于自我统整的教师发展视角[D].西南大学博士学位论文，2014.

叶澜.新基础教育研究和新型教师的培养[J].教书育人，2011，（6）：8-10.

叶澜，王厥轩，韩艳梅.叶澜：教师的魅力在于创造[J].上海教育，2013，（16）：32-36.

禹丽锋，王维，季益龙.小学教师知识共享影响因素调查研究[J].现代中小学教育，2013，（7）：74-78.

张君瑶，任生力.农村代课教师发展困境的影响因素分析及其出路探究——基于湖南部分市县代课教师生存状况的调查与思考[J].农村经济，2011，（4）：125-129.

张思，杨高全.小学教师使用Web2.0工具的影响因素与模型[J].湖南第一师范学院学报，2014，（4）：24-28.

张秀荣，贾德芳.建国三十年中小学教师地位的嬗变——政治社会学视角下的教师专业化进程[J].内蒙古师范大学学报（教育科学版），2011，24（8）：67-70.

赵丽，李妍.中外教师专业发展研究：热点、问题与对策[M].上海：华东师范大学出版社，2013.

郑波.小学教师课程能力的影响因素分析及发展策略研究[D].广州大学硕士学位论文，2013.

曾崇碧，王勇.20世纪30年代四川小学教师待遇状况[J].西南交通大学学报（社会科学版），2003，4（1）：21-24.

曾晓东，鱼霞.教师蓝皮书：中国中小学教师发展报告（2014）[M].北京：社会科学文献出版社，2015.

中国战略与管理研究会社会结构转型课题组.中国社会结构转型的中近期趋势与隐患[J].战略与管理，1998，（5）：1-17.

中华人民共和国教育部师范教育司，中央教育科学研究所.中国中小学教师发展报告·2010[M].北京：教育科学出版社，2011.

周琴.教师专业发展视域下的师范生免费教育[M].北京：科学出版社，2013.

周新富.布尔迪厄论学校教育与文化再制[M].台北：心理出版社，2005.

朱小蔓等.教育职场：教师的道德成长[M].北京：教育科学出版社，2005.

朱旭东.教师专业发展理论研究[M].北京：北京师范大学出版社，2011.

朱永新.致教师[M].武汉：长江文艺出版社，2015.

Alarian H M.The melting pot versus the salad bowl：American attitudes toward acculturation of middle eastern immigrants[D].Loyola University Chicago，Master's Thesis，2011.

Aslan-Tutak F，Adams T L. A study of geometry content knowledge of elementary preservice teachers[J].International Electronic Journal of Elementary Education，2015，7（3）：301-318.

Benedict R. Patterns of Culture[M].Boston：Houghton Mifflin Company，1934.

Burrows A C. Partnerships：A systemic study of two professional developments with university faculty and K-12 teachers of science，technology，engineering，and mathematics[J].Problems of Education in the 21th Century，2015，65：28.

Cann C N.What school movies and TFA teach us about who should teach urban youth：Dominant narratives as public pedagogy[J].Urban Education，2015，50（3）：288-315.

Cohen S.Teachers' Professinal Development and the Elementary Mathematics Classroom：Bringing Understandings to Light[M]. London：Lawrence Erlbaum Associates Publishers，2004.

Darling-Hammond L.The Flat Earth and Education：How Amecica's Commitment to Equity will Determine Our Future[M].New York：Teachers College Press，2007.

Evans L.What is teacher development[J].Oxford Review of Education，2002，28（1）：123-137.

Ferreras A，Steve Olson S，Sztein A E.The Teacher Development Continuum in the United States and China：Summary of a Workshop[M].Washington：The National Academies Press，2010.

Hannum E. Political change and the urban-rural gap in basic education in China，1949-1990[J]. Comparative Education Review，1999，43（2）：193-211.

Ladson-Billings G.From the achievement gap to the education debt：Understanding achievement in U.S. schools[J].Educational Researcher，2006，35（7）：3-12.

Lipka R P，Brinthaupt T M.The Role of Self in Teacher Development[M].Albany：State University of New York Press，1999.

Marshall P L，Jacot A L，Gamble A F.How elementary teachers imagine social studies in an age of teacher assessments[J].Social Studies Research and Practice，2015，10（2）：1-13.

Matalene C. Contrastive rhetoric：An American writing teacher in China[J].College English，1985，47（8）：789-808.

Milner H R.Beyond a test score：Explaining opportunity gaps in educational practice[J].Journal of Black Studies，2012，43（6）：693-718.

Myung-Sook K，Shin S.A comparative study of elementary teachers' beliefs and strategies on classroom and behavior management in the USA and Korean school systems[J]. International Journal of Progressive Education，2014，10（3）：18-33.

Nucci L.Nice is Not Enough：Facilitating Moral Development.[M]Ohio：Merrill Publishing Company，2008.

Özden M.Prospective elementary school teachers' view about socioscientific issues：A concurrent parallel design study[J].International Electronic Journal of Elementary Education，2015，7（3）：333-354.

Polly D. Examining how professional development influences elementary school teachers' enacted instructional practices and students' evidence of mathematical understanding[J]. Journal of Research in Childhood Education，2015，29（4）：565-582.

Robins S.A free-market response to the elementary and secondary education act：The segregationist background and failed experimentation of education vouchers in the 1970s[D]. Portland State University，Bachelor's Thesis，2014.

Rozin P，Poritsky S，Sotsky R.American children with reading problems can easily learn to read English represented by Chinese characters[J].Science，1971，171（3977）：1264-1267.

Tobin J, Hsueh Y, Karasawa M.Preschool in Three Cultures: China, Japan and the United States[M].Chicago: The University of Chicago Press, 2009.

Tucker M S.Surpassing Shanghai: An Agenda for American Education Built on the World's Leading Systems[M]. Cambridge: Harvard Education Press, 2011.

Tucker S I.Three men and a maybe: Identity and privilege in male preservice elementary school teachers[J].Journal of Men's Study, 2015, (23): 18-28.

Wu Y T, Wang L J.The exploration of elementary school teachers' internet self-efficacy and information commitments: A study in Taiwan[J].Journal of Educational Technology and Society, 2015, 18 (1): 211-222.

Yurdakul B.Perceptions of elementary school teachers concerning the concept of curriculum[J]. Education Science: Theory and Practice, 2015, 15 (1): 125-139.

附　录

附录一　小学教师发展现状调查问卷

尊敬的老师，您好：

  这次问卷调查是为了解小学教师专业发展方面的情况，同时也是为完善小学教师的继续教育制度提供事实依据。本次问卷不记名，回答没有对错之分，我们保证问卷不会给您本人带来任何不利影响，请您务必如实填答问卷，请将您的选择项填写在每题前面的括号内。感谢您的合作与支持！

南京师范大学教育科学学院小学教师发展调研组
2013 年 6 月

（　　）1. 您的性别：A. 男　B. 女

   2. 您的年龄：_____岁

   3. 您的教龄：_____年

（　　）4. 您的职务：

   A. 校级领导　B. 中层干部　C. 教研组长　D. 教师

（　　）5. 目前所在的学校：

   A. 区县重点小学　B. 区县一般小学

（　　）6. 您的职称：

  A. 三级教师 B. 二级教师 C. 一级教师

  D. 高级教师 E. 正高级教师

（　　）7. 您现在的学历：

  A. 大专 B. 本科 C. 硕士研究生 D. 博士研究生

（　　）8. 您参加工作时的学历：

  A. 中师 B. 大专 C. 本科

  D. 硕士研究生   E. 博士研究生

（　　）9. 您最主要的执教科目：

  A. 语文 B. 数学 C. 英语 D. 科学类 E. 艺术类

（　　）10. 您获得的业务上的最高奖项或荣誉：

  A. 特级教师

  B. 市级优秀青年教师或学术带头人

  C. 区级优秀青年教师或学术带头人

  D. 校级优秀青年教师或学术带头人

  E. 无

（　　）11. 您目前的住房？

  A. 自购的商品房 B. 租外面的房子

  C. 租学校的房子 D. 学校福利分房

（　　）12. 您对目前的住房条件满意吗？

  A. 非常满意 B. 较满意 C. 一般

  D. 较不满意 E. 不满意

（　　）13. 您对您目前的工资和岗位津贴满意吗？

  A. 非常满意 B. 较满意 C. 一般

  D. 较不满意 E. 不满意

（　　）14. 您觉得目前您的生活状况总体而言：

  A. 非常好 B. 较好 C. 一般 D. 较不好 E. 不好

  15. 在生活方面您面临的主要困难是（选两项，请按重要程度将下列选项编号依次填入空白处，最重要的填在 A 的后面，次重要的填在 B 的后面）：A._____ B._____

  ①经济收入 ②住房 ③社会保障 ④家庭情感 ⑤身体健康

⑥工作压力　⑦子女成长与教育

⑧专业发展　⑨其他（请注明）＿＿＿＿＿＿

（　）16. 您对自己从事小学教师这个职业感到自豪吗？

　　A. 非常自豪　　B. 比较自豪　　C. 一般

　　D. 不怎么自豪　E. 不自豪

（　）17. 近日，教育部相关负责人透露，要打破教师的"铁饭碗"，实行五年一注册。您认为此举＿＿＿＿＿＿＿

　　A. 完全有必要　B. 有一定必要　C. 不清楚

　　D. 没什么必要　E. 完全没有必要

（　）18. 在什么情况下转入其他行业？您的想法是：

　　A. 能升职称　B. 能升职务　C. 收入提高

　　D. 离家近　　E. 其他＿＿＿＿＿＿＿

（　）19. 您对学校目前的考核和评价机制能适应吗？

　　A. 非常适应　　B. 比较适应　C. 一般

　　D. 不怎么适应　E. 不适应

（　）20. 您是否顺利地履行了您在学校的岗位职责？

　　A. 非常顺利　　B. 比较顺利　C. 一般

　　D. 不怎么顺利　E. 很不顺利

（　）21. 您认为学校的发展与您个人发展的关系是：

　　A. 学校发展了，对我个人发展会有极大的好处

　　B. 学校发展了，对我个人发展有一点好处

　　C. 学校发展了，与我个人的发展不太相关

　　D. 学校的发展将给我个人发展带来更大的压力

　　E. 学校的发展将会阻碍我个人的发展

（　）22. 您清楚地知道您所在的学校"十二五规划"的主要精神吗？

　　A. 非常清楚　B. 比较清楚　C. 一般

　　D. 不太清楚　E. 不清楚

（　）23. 到目前为止，您觉得您的职业发展顺利吗？

　　A. 非常顺利　　B. 比较顺利　C. 一般

　　D. 不怎么顺利　E. 很不顺利

（　）24. 您平时在学校的时间是：

　　A. 8 小时　B. 9 小时　C. 10 小时　D. 11 小时

E. 12 小时　F. 13 小时　G. 14 小时　H. 15 小时以上

25. 您的工作压力主要来自（选两项，请按重要程度将下列选项编号依次填入空白处，最重要的填在 A 的后面，次重要的填在 B 的后面）A._____ B._____

①教学任务重　②发表论文的压力

③提高学历层次的压力　④职称竞争激烈

⑤职务竞争激烈

⑥没有足够的时间对学生进行德育或教学指导

⑦工作环境、工作设施欠佳

⑧家庭事务与工作关系紧张

⑨其他（请注明）_____

（　）26. 您对自己的职称晋升感到：

A. 非常满意　B. 比较满意　C. 一般

D. 不太满意　E. 非常不满意

（　）27. 您认为师德师风建设：

A. 很有必要　B. 较有必要　C. 无所谓

D. 没必要　E. 很没必要

（　）28. 您觉得自己与学生之间的关系融洽吗？

A. 非常融洽　B. 较融洽　C. 一般

D. 较不融洽　E. 不融洽

（　）29. 您觉得自己与学生家长之间的关系融洽吗？

A. 非常融洽　B. 较融洽　C. 一般

D. 较不融洽　E. 不融洽

（　）30. 您与同事沟通交流的机会多吗？

A. 非常多　B. 较多　C. 一般

D. 不太多　E. 非常少

（　）31. 您觉得自己与同事沟通顺畅吗？

A. 非常顺畅　B. 比较顺畅　C. 一般

D. 不太顺畅　E. 很不顺畅

（　）32. 您觉得自己与所在学校领导沟通顺畅吗？

A. 非常顺畅　B. 比较顺畅　C. 一般

D. 不太顺畅　E. 很不顺畅

（　）33. 您觉得自己学校内的人际关系复杂吗？

　　　　A．非常复杂　B．比较复杂　C．一般

　　　　D．不太复杂　E．不复杂

　　34. 当您或您的家庭在生活中遇到困难或麻烦时，通常会求助于（选两项，请按重要程度将下列选项编号依次填入空白处，最重要的填在 A 的后面，次重要的填在 B 的后面）：A._____　B._____

　　　　①朋友　②同学　③同事　④邻居　⑤其他亲属

　　　　⑥学校领导　⑦其他（请注明）_____

（　）35. 您觉得您在晋升职称时的机会与其他同事均等吗？

　　　　A．非常均等　　B．比较均等　　C．一般

　　　　D．比较不均等　E．很不均等

（　）36. 您觉得在竞聘行政管理岗位职务时的机会与其他同事均等吗？

　　　　A．非常均等　　B．比较均等　　C．一般

　　　　D．比较不均等　E．很不均等

（　）37. 您觉得您在所在的学校通过自己的努力能获得事业上的良好发展吗？

　　　　A．肯定能　　B．很有可能　　C．一般

　　　　D．不大可能　E．肯定不能

（　）38. 您在未来 5～10 年是否愿意留在目前所在学校？

　　　　A．是　B．否

（　）39. 如果有机会流动至其他学校，您的想法：

　　　　A．立刻转入其他学校　B．有想法转走，但得比较收入水平

　　　　C．看是否有职称升迁的机会　D．看是否有职务升迁的机会

　　　　E．没有转走的想法

　　40. 您在未来 5 年内的发展目标具体有（选两项，请按重要程度将下列选项编号依次填入空白处，最重要的填在 A 的后面，次重要的填在 B 的后面）：A._____　B._____

　　　　①提高学历　②提高教学水平　③产生更多的科研成果

　　　　④职称晋升　⑤职务晋升　　⑥其他（请注明）_____

（　）41. 您最近一次曾经参加过的培训和学习主要是：

　　　　A．区或市教研员的听课、评课

　　　　B．围绕学校教学改革或者科研的培训

C. 高校教授的讲座

D. 专家级教师（如特级教师）的讲座

E. 外出参观、听课

（ ）42. 您对这次培训学习的整体感觉是什么？

A. 非常满意　B. 比较满意　C. 一般

D. 不太满意　E. 很不满意

（ ）43. 您觉得这次培训学习是否解决了某一具体问题？

A. 解决了　B. 部分解决了　C. 不确定　D. 没有解决

（ ）44. 您认为这次培训学习对您专业能力的提升有帮助吗？

A. 有很大帮助　　B. 有一定帮助　C. 不确定

D. 没有多少帮助　E. 完全没有帮助

（ ）45. 通过本次培训学习，您对参加校方组织的继续教育的态度是：

A. 积极参加　　B. 听校方安排　C. 无所谓

D. 尽量不参加　E. 完全不想参加

（ ）46. 在以往的培训学习中，您是否有机会、有渠道表达自己的想法与观点？

A. 有渠道充分表达　　B. 有一些渠道表达

C. 基本没有渠道表达　D. 完全没有渠道表达

（ ）47. 您认为在教师的专业发展中，最有效的学习方式是：

A. 以个体的自我学习为主　B. 以小组团队学习为主

C. 一对一的师徒制　　　　D. 专家讲座

（ ）48. 您最期待学校提供的培训学习的时间安排是：

A. 集中全脱产　　　　　B. 半脱产

C. 在工作时间内的学习　D. 节假日学习

49. 在所有的小学语文课文中，您最愿意教的课文是（请列举1～3篇）：

_____、_____、_____

50. 那您最不愿意教的课文是（请列举1～3篇）：

_____、_____、_____

附录二　小学教师发展影响因素交互作用及其效用的访谈提纲

尊敬的老师/校长，您好：

　　首先，感谢您在百忙之中抽出时间接受访问！我是南京师范大学的一名教师，现在正在做一项关于小学教师发展影响因素的调查，目的是想了解您所在的学区和学校在小学教师发展方面的做法以及您的观点。这里准备了几个问题，想请您谈谈。调查结果仅以整体性描述的方式呈现，不会透露个人的任何信息。谢谢！

　　（1）您如何看待问卷调查得出的影响小学教师发展的六个因素（同级竞争、物质需求、职业胜任、职场关系、官方培训、师生关系）？这些因素与您的经验吻合还是不吻合？您能谈谈它们之间的关系吗？

　　（2）这些因素会影响到小学教师发展的哪些方面（如专业理念、师德、专业知识、专业能力、科研能力）？具体而言又是如何影响的？

　　（3）您认为当前小学教师发展的环境中主要存在哪些问题？原因是什么？

附录三　美国小学教师发展相关因素的访谈提纲[①]

尊敬的老师/校长/教授，您好：

　　首先，感谢您在百忙之中抽出时间接受访问！我来自中国，现在正在做一项关于中美两国小学教师发展影响因素的比较调查，目的是想了解您所在的学区和学校在小学教师发展方面的做法以及您的观点。这里准备了几个问题，想请您谈谈。调查结果仅以整体性描述的方式呈现，不会透露个人的任何信息。谢谢！

　　（1）同级竞争因素方面。学区和学校会将教师做级别上的区分吗？学

---

① 资料来源于加利福尼亚大学伯克利分校教育研究院所使用的教师发展项目标准。

区和学校会通过举行教师之间的教学比赛，比较教师的教学水平吗？小学教师之间的关系怎样？小学教师之间存在竞争关系吗？

（2）物质需求因素方面。小学教师的收入水平怎样？小学教师对自己的收入满意吗？加利福尼亚州内所有公立小学教师的收入均衡吗？

（3）职业胜任因素方面。谁负责评价与考核教师？评价和考核教师的标准是什么？对小学教师有发表学术论文的要求吗？作为校长，您在每个年度或是周期内会评价每位教师的表现吗？如果有评价，标准是什么？您是否奖励好的教师并且惩罚不好的教师？教师有退出机制吗？2014年是美国国家核心课程标准在加利福尼亚州实施的第一年，加利福尼亚州政府会组织标准化考试来测试小学生的学习成绩，那么学生的学习成绩会成为评价小学教师的一个新标准吗？作为教师，您在这个方面有过担心吗？

（4）职场关系因素方面。教师与同事、校长的关系怎样？教师之间如何合作？学校在促进教师合作方面有什么举措？

（5）官方培训因素方面。促进小学教师发展的制度及项目有哪些？学区关于教师发展有哪些规定？小学教师如果想提升学历，学区和学校会支持吗？会帮小学教师付学费吗？在小学教师学习期间会为其支付工资吗？

（6）师生关系因素方面。作为PTA（家长教师联合会）的主席，您每学期会开展哪些活动？活动的目的是什么？作为教师，您会在何时以何种方式与家长沟通？

附录四　美国加利福尼亚州小学教师发展的主要指标[①]

一、使学生能够理解学科知识

[①] 美国加利福尼亚大学伯克利分校教育研究院2015年小学教师发展项目暨小学教师晋升研究生学位所使用的资格认证标准。TPE：加利福尼亚州教学成就预期：显著特征一览表，California Teaching Performance Expectations: TPEs At-A-Glance with Salient Features（2015年7月）。

TPE1：具体学科的教育学技能指导

1. 多重学科教学任务中的具体教学技能
   - 理解本州的学术内容的课程标准
   - 理解如何在课程标准框架内教授学科
   - 为了完成课程标准进行规划
   - 展示能实现课程标准的教学能力
2. 单一学科教学任务中的具体教学技能
   - 理解本州的学术内容的课程标准
   - 理解如何在课程标准框架内教授学科
   - 为了完成课程标准进行规划
   - 展示能实现课程标准的教学能力

二、评价学生的学习

TPE2：在教学中引导学生学习

- 决定学生的进步方向，以使其接近本州学术课程标准
- 使用指导性的策略与技术来辅助学生学习

TPE3：解释并运用教学评价

- 理解一系列的评价
- 使用并阐释一系列的评价
- 对于评价的结果给出反馈

三、在学习过程中融入学生并支持学生

TPE4：使教学内容可以理解

- 明白本州的学术课程标准
- 优先考虑学术课程标准并能够排序
- 选择、使用不同的指导性策略、活动和各类资源以促进学生学习

TPE5：让学生投入学习

- 理解学术学习目标
- 保证学生参与既活跃又平等
- 引导学生进步并延伸学生的思维

TPE6：发展性的、适宜的教学实践

1. 针对K至三年级学生的发展性实践
   - 理解学习者的重要特征
   - 设计指导性的活动
   - 提供适宜的、发展性的教育经验
2. 针对四至八年级学生的发展性实践
   - 理解学习者的重要特征
   - 设计指导性的活动
   - 提供适宜的、发展性的教育经验
3. 针对四至八年级学生的发展性实践
   - 理解学习者的重要特征
   - 设计指导性的活动
   - 提供适宜的、发展性的教育经验

TPE7：针对英语学习者的教学

- 理解并运用理论、原则、指导性实践以提升学生的英语能力
- 理解如何采用指导性的实践以达到本州的学术课程标准
- 根据不同学生的背景和语言能力进行差异化指导

四、为学生提供学习规划指导并设计学习经历

TPE8：学习如何了解学生

- 理解儿童和青少年的发展
- 知道如何来了解学生
- 使用一些方法来了解学生
- 将学生的信息与其学习相关联

附 录

TPE9：指导性的规划

- 建立学术学习目标
- 将学术内容与学生的背景、需要和能力相关联
- 选择合适的策略/活动/材料/资源

五、为学生创造可持续且高效的学习环境

TPE10：规划时间

- 分配教学时间
- 管理教学时间

TPE11：社会环境

- 理解社会环境的重要性
- 为学习营造正向的社会环境
- 保持这种正向的社会环境

六、成为一个专业教育者

TPE12：专业、合法、道德的义务

- 为学业的学术学习结果承担起责任
- 知晓并贯彻教师的专业道德义务
- 知晓并运用法律的义务

TPE13：专业成长

- 评价教学实践和学科知识
- 能够做到反思与反馈，以全面提升教学实践和运用学科知识的能力

附录五　美国"好教学"标准及工作场所学习评价标准[①]

1. 对教学的稳定理解：整体性地透视教学过程[②]

   - 使用直截了当、简洁易懂的语言
   - 学习每一部分内容时都有用
   - 与我们已经具备的对教学的理解保持一致
   - 清楚地表明教学与纪律是并驾齐驱的
   - 并不是具体的工具和指导
   - 并不是激进的新思想或定式

2. 将教室建成教师能够实现专业成长的工作场所的五个维度

内容	认知要求（成长有空间）	所有学生能够平等地获得内容	力量、权威、认同	使用评价
成人在这个环境中能够获得支持，使其实践能力得到发展，旨在为学生创造丰富的学习环境	在这个场所中，成人能够得到适宜自身发展的个性化指导与支持，帮助成人在解决实践问题的过程中获得成长	在这个环境中，解放所有成人，并帮助他们成长	在这个环境中，成人能够在他们的成就中树立起作为专业人员的信心与自豪，为他们自己的专业成长与业绩承担起更多责任	有责任体系能够识别出成人的强项、弱项，并帮助成人实现专业成长

需要讨论的关键是：在教室中，需要什么活动才能够促成教师的专业准备和专业发展，并且能够促进潜在的学习发生？

教室：以下事件需要达到什么程度？

- 投身到丰富的教学内容之中
- 产生困惑，并思考其中的意义
- 对待学生一视同仁
- 创造机会建立正向的认同
- 因材施教

---

① 资料来源于加利福尼亚大学伯克利分校教育研究院所使用的教师发展项目标准。
② 这是加利福尼亚大学伯克利分校教育研究院 Schoenfeld 教授提出的观点。

组织：如何从管理和专业的角度组织好以下事件？

- 以提升研究和教学能力为目标的专业成长
- 根植于实践、有效挣扎和寻找意义的学习
- 所有人都有平等的机会成长
- 正向且富有成效的专业认同与个人认同，包括教师、学区管理者、教师团队和教职工
- 一个适宜的回应系统，旨在聚焦且促进专业成长

3. 工作场所学习评价指标（在网上进行）

一线教学导师对新手教师的工作场所学习进行评价所使用的表格（中期评价和终期评价都在网上完成）

程度	1.0 几乎无知	2.0 知道一些	3.0 正在发展	4.0 熟练掌握	无描述文本
领域A：知识的呈现和对学科内容的把握					
领域A：能组织好课程以促进学生理解学科的主题或概念					
领域A：能跨学科和跨年级地将各种思想、信息和技能相互关联					
领域A：能根据学科和学生发展水平，合理使用教学指导策略					
领域B：使评价活动与学习目标结为同盟					
领域B：使用各种形式的评价引导学生进步，包括英语学习者和有特殊需要的学生					
领域B：参与并指导所有学生对他们自己的学习进行评价					
领域B：分析学生的作业，包括以成就为基础的作业和学以致用的作业，旨在更好地为学生提供规划并进行指导					
领域B：为了学生进步，与学生的家长和自己的同事进行合适的沟通					
领域C：将学习目标与学生的已有知识、生活经验和兴趣进行关联					
领域C：对于学生多样的需求，要使用多样的指导性策略进行回应					

续表

程度	1.0 几乎无知	2.0 知道一些	3.0 正在发展	4.0 熟练掌握	无描述文本
领域C：促进学生的独立学习与合作学习能力					
领域C：为了让学习更有意义，要使学生投入到问题解决、批判性思维、学以致用等活动中					
领域C：发展学生使用并理解学术语言的能力，以使学生在教师的指令下能够互相合作					
领域C：给学生机会，让他们评价媒体和技术的长处与局限					
领域C：给予学生充分的时间和机会，让他们将所学运用于实际中					
领域D：制订指导计划，对不同文化背景下学生的语言、经验和兴趣持欣赏态度，并在教学中充分利用这些资源					
领域D：建立并清晰表达学生的学习目标					
领域D：为了促进学生学习，设计教学活动，并在时间上合理安排					
领域D：研发不同的指导策略以帮助所有学生					
领域D：省时、高效地使用教学指导					
领域E：营造安全和积极的教室环境，使之能促进学生的学习					
领域E：建立能提升公正与尊重的班风					
领域E：为孩子提供合作和联合解决问题的机会，旨在促进学生的社会性发展和增强群体责任意识					
领域E：在与学校纪律政策保持一致的基础上，持续不断地执行班级管理规定					
领域E：为了支持学生学习，制定并执行班级管理的程序和常规					
领域E：在最低程度地影响教学指导的前提下，处理好少数学生的不良行为					
领域E：有效率地发放和收集材料，以使学生的学习效率最大化					

续表

程度	1.0 几乎无知	2.0 知道一些	3.0 正在发展	4.0 熟练掌握	无描述文本
领域E：有效处理好捣乱学生的行为					
领域E：通过使用有意义的表扬和正面强化来识别出其中的有效行为					
领域F：在学校系统内，保持专业的行为举止，在和学生及其他专业人士沟通时，要使用得体的语言					
领域F：准时到达学校，并在学校情境中履行职责					
领域F：着装整洁良好，保持专业仪表					
领域F：为了更好地履行教师责任而接受指导					
领域F：对教学实践进行反思，并且为了提升教学实践而接受新思想					
领域F：当使用电子资源和社会媒体时，要能显示出教师的专业判断					

附录六　美国加利福尼亚大学伯克利分校小学教师发展项目课程表

加利福尼亚大学伯克利分校小学教师发展项目——硕士学位课程表（2015—2016 年）

2015 年夏季：10 个学分 课堂学习：6/22—8/14 工作现场：6/29—7/17	2015 年秋季：16 个学分 课堂学习：8/26—12/18 学员试教：8/24—12/18	2016 年春季：18 个学分 课堂学习：1/19—5/13 学员试教：1/11—6/30	2016 年夏季：3 个学分 课堂学习：6/6—8/12 夏季学校准备与教学：6/20—7/15
人类发展与教育——社会性/道德的发展（3 课时）	文化语境中的发展、学习与指导（3 课时）	小学数学教学（3 课时）	硕士项目研讨会（2 课时）

小学教师发展影响因素研究——基于江苏省的调查

续表

2015 年夏季：10 个学分 课堂学习：6/22—8/14 工作现场：6/29—7/17	2015 年秋季：16 个学分 课堂学习：8/26—12/18 学员试教：8/24—12/18	2016 年春季：18 个学分 课堂学习：1/19—5/13 学员试教：1/11—6/30	2016 年夏季：3 个学分 课堂学习：6/6—8/12 夏季学校准备与教学：6/20—7/15
指导性教学（2 课时）三周的现场观察：英语和语言发展与艺术（奥克兰无限制学习学校）	指导性教学（5 课时）一周内 3 个早上或 2 个整天；3 天独立承担起所有班级教学的责任	指导性教学（8 课时）一周内 5 个早上或 3 个整天（5 月份）；实地学习一直持续到公立学校放假那一天（6 月份）	英语语言发展现场研究研讨会（1 课时）英语和语言发展与艺术（奥克兰夏季学校）（3 周有津贴的教学）
教学语言艺术的基础（2 课时）	城市教育（3 课时）	教师语言学和文化少数民族学生（3 课时）	
小学课堂中的科学（2 课时）	阅读教学的基础：从 K 至八年级（2 课时）	教学社会学研究导论（2 课时）	
教室中的艺术（1 课时）	常规班级中的特殊儿童评价（2 课时）	教学成就评价研讨会	
	在线健康课程（1 课时）	教育技术（1 课时）	
其他：科学教学评价任务	其他：准备考试（12 月份）	其他：完成整个学习研究任务	